# 关于爱
## 的一切

All
about
love

[美] 贝尔·胡克斯（bell hooks） 著
梁天明 译

图书在版编目(CIP)数据

关于爱的一切 / (美)贝尔·胡克斯著；梁天明译. —北京：中央编译出版社，2023.6
书名原文：All About Love: New Visions
ISBN 978-7-5117-4372-5

Ⅰ.①关… Ⅱ.①贝… ②梁… Ⅲ.①爱情-通俗读物 Ⅳ.① C913.1-49

中国国家版本馆 CIP 数据核字（2023）第 046568 号

ALL ABOUT LOVE: New Visions, Copyright © 2000 by Gloria Watkins. Published by arrangement with William Morrow, an imprint of HarperCollins Publishers.
版权登记号：图字：01-2022-4661

## 关于爱的一切

| | |
|---|---|
| 责任编辑 | 哈　曼 |
| 译　　校 | 韩　松 |
| 责任印制 | 刘　慧 |
| 出版发行 | 中央编译出版社 |
| 地　　址 | 北京市海淀区北四环西路 69 号 (100080) |
| 电　　话 | (010)55627391(总编室)　　(010)55627319(编辑室) |
| | (010)55627320(发行部)　　(010)55627377(新技术部) |
| 经　　销 | 全国新华书店 |
| 印　　刷 | 佳兴达印刷（天津）有限公司 |
| 开　　本 | 880 毫米 × 1230 毫米　1/32 |
| 字　　数 | 127 千字 |
| 印　　张 | 7 |
| 版　　次 | 2023 年 6 月第 1 版 |
| 印　　次 | 2023 年 6 月第 1 次印刷 |
| 定　　价 | 68.00 元 |

新浪微博：@中央编译出版社　微信：中央编译出版社 (ID：cctphome)
淘宝店铺：中央编译出版社直销店 (http://shop108367160.taobao.com)
　　　　　(010)55627331
本社常年法律顾问：北京市吴栾赵阎律师事务所律师　闫军　梁勤
凡有印装质量问题，本社负责调换。电话：(010)55626985

我的第一封情书给了你,正如这本书也是为了和你对话而写。安东尼——我最亲密的倾听者。我永远爱你。

在所罗门之歌中有这样一句:我找到了灵魂所爱,紧抓住他决不放开。紧紧抓住的,是那欢愉的时刻,是那被认可的时刻,我们褪去了做作和伪装,赤身裸体却毫不羞耻。

# 目 录

序　　/ 001

引言　恩泽：被爱所感　　/ 001
一　明确：给爱以言语　　/ 017
二　公正：童年之爱的教育　　/ 029
三　诚实：待爱以真诚　　/ 043
四　忠诚：爱存我心　　/ 059
五　灵性：神圣之爱　　/ 075
六　价值：爱的伦理　　/ 087
七　贪婪：爱得简单　　/ 101
八　社群：爱的联系　　/ 121
九　相互依存：爱之心　　/ 137
十　恋爱：甜蜜的爱　　/ 155
十一　失却：生死中的爱　　/ 175
十二　治愈：救赎之爱　　/ 189
十三　命运：当天使们说起爱　　/ 203

# 序

当我还是个孩子的时候，就清楚地了解到，生命中不能没有爱。我多么希望我是因为被爱过才知道这一点的，然而我却是因为缺少爱才意识到它的重要。作为家中长女，我自出生之时起就被慈爱的目光注视和珍重，被我的家人和这个世界所需要。我至今也不知道，从什么时候开始爱消失了，我不再像以前一样珍贵。曾经爱我的人离我而去，没有了他们的认可和关注，我心如刀绞，刻骨铭心的伤痛让我深深地陷入其中。

悲痛淹没了我，但我不知道我做错了什么，而我做的任何尝试都没有能让爱回来。在此之后，没有任何一次和他人的联系可以治愈这第一次被抛弃、第一次被驱逐出爱的天堂所造成的伤害，以至于多年来我的生活都裹足不前，被过去所困，无法进入未来。像每个受伤的孩子一样，我只想时光倒流，再次回到那个让我感到被爱、感到有所归属的天堂。

现在我已经明白了，过去是回不去的，未来仍然可期，去寻找心之所向的爱。首先我们必须放下许久之前失去爱的伤痛，那时我们还很小，无法说出心中的渴望。我曾经以为我在之前的岁月里一直在寻找爱，但回想起来，我只是在试图找回失去的东西，想要回到最初的家，找回第一次被爱的欣愉。我并没有真正准备好去爱或被爱，因为那时我仍然在哀悼——哀悼少女时代破碎的心，执着于破碎的联系。只有停止哀悼之后，我才能再次去爱。

从人生的恍惚中醒来，我惊讶地发现所生活的当今世界已然对爱关闭了大门。周围的人们说，无爱已成为日常的见证。我感到我所生活的国家正在迅速地远离爱，那强烈的感觉和少女时代的我被抛弃时如出一辙。离开了爱，我们就会进入精神的荒野，或许永远无法找到回家的路。我写爱，就是为了指出这种危险，呼吁向爱回归。爱给予我们救赎和复兴，让我们重获永生，使我们用心对话。

# 恩泽:
# 被爱所感

自最古老的文明起,我们就知道,人是可以和自己的内心像朋友一样友好地对话的。在现代生活中,我们被各种繁忙的日常琐事和鸡毛蒜皮的思绪所困,已经失去了和自己内心对话的能力。

——杰克·康菲尔德(Jack kornfield)

引言 恩泽：被爱所感

在我家的厨房里挂着四张照片，拍的是我多年前在耶鲁大学教书的时候，在上班途中经过的工地墙上的涂鸦。涂鸦上写着：即使面临巨大的困难，对爱的追寻也不要停止。我那时刚刚和相处了快十五年的配偶分手，巨大的悲伤仿佛一片痛苦的海，不停地冲刷我的内心和灵魂，而我也一直挣扎着寻找依靠，好让自己不要溺死。工地墙上的那句涂鸦肯定了爱的可能性，加上孩童般稚拙的绘画，说到了我的心坎里，看着它总能让我心生宽慰。涂鸦是一位本地艺术家的作品，我能感觉到他肯定也处在人生的危机中，要么正面临爱的失却，要么面临失却的可能性。我幻想着和他进行了关于爱的谈话，告诉他那些俏皮的涂鸦让我有了依靠，恢复了我对爱的信心；这句话包含了要去挖掘有待发现的爱的意义，那是一种我们仍然可以期待的爱，它将我从深渊中拉了出来。我的伤痛是与相伴多年的伴侣离别而产生的沉重而绝望的悲伤，更是一种深深植根于爱不曾存在、找寻不到的恐惧中的绝望。这种绝望让我觉得，即使爱藏在某个角落，我也可能永远找不到它。在我所处的环境中,权力的魔力和恐惧的淫威掩盖了爱的意志,爱的承诺也无以为继。

某一天上班时,我正期待着看到涂鸦后激发的对爱的沉思,却惊讶地发现建筑公司在这幅画上刷了一层油漆,又白又亮,在下面还看到原始涂鸦的微弱痕迹。对我来说每天看到这涂鸦已成为体会爱的恩典的仪式,它的消失自然让我感到沮丧。我对身边人诉说失望之情,最后终于有人传出谣言说,涂鸦之所以被刷,因为这句话所指的是艾滋病毒感染者,而艺术家本人则可能是同性恋。真相或许如此,不过更有可能的是,那些在墙上刷油漆的人受到这种公开承认对爱的渴望的威胁——这种渴望如此强烈,不仅可以说出来,而且还被特意找寻。

经过一番寻找,我终于见到了这位艺术家,并与他探讨了爱的意义。我们谈到,公共艺术是一种承载积极生活思想的载体,同时也都表达了悲痛和烦恼的情绪,因为建筑公司如此无情地掩盖了一条关于爱的有力信息。为了让我记得那面墙上的画作,他把涂鸦的照片送给了我。从那之后,无论住在哪里,我都将这些照片挂在厨房水槽上方,这样每次我喝水或从橱柜里拿餐具时,就都能看到它。那些照片时刻提醒着我,我们渴望爱,即便希望渺茫也要主动寻找。

在我们现在的文化中,关于爱的公开讨论并不多,至多也就只有在流行文化里会谈及对爱的憧憬。电影、音乐、杂志和书籍是我们聆听对爱的渴望的地方,然而不同于20世纪六七十年代那些敦促我们相信"你需要的只有爱"的对生命有积极肯定意义的话语,如今流行的信息宣称爱毫无意义、无关紧要。这种文化转变的一个明显例子是蒂娜·特纳(Tina Turner)大受欢迎的歌曲,其标题大胆地宣称"与爱何干"(*What's Love Got to Do with It*)。我采访过一位小我至少20岁的知名女说唱歌手,谈到爱的时候她尖刻地讽刺道:"爱是什么?我一生中从未有过任何爱。"这样的回答让我感到悲伤和震惊。

如今的青年文化对爱表现得愤世嫉俗,而这种怀疑态度来自一种普遍存在的无法找到爱的感觉。哈罗德·库什纳(Harold Kushner)在《当你所想要的一切还不够》(*When All You've Ever Wanted Isn't Enough*)中表达了这种担忧,他写道:"我担心我们可能会培养出一代害怕爱、害怕付出自己的年轻人,因为他们会看到冒着风险去爱却没有结果是多么痛苦。我担心他们长大后会寻找没有风险的亲密关系和没有情感投入的满足。他们会如此害怕失望的痛苦,以至于他们会放弃爱和快乐的可能性。"年轻人对爱愤世嫉俗,而归根结底,愤世嫉俗只是用来掩盖失望和害怕背叛的心的面具。

我在做关于终结种族主义和性别歧视的全国巡回演讲的时候,谈到了爱在争取社会公正运动中的地位。听众,尤其是年轻的听众，听到这样的话就会变得躁动不安。我们社会中所有伟大的社会公正运动都不遗余力地强调爱的伦理，然而年轻的听众仍然不愿意接受爱是一种变革力量的观念，因为对他们来说，爱是属于天真的、软弱的、无可救药的浪漫主义者的东西。他们对爱的态度也反映在对他们言传身教的成年人身上。作为幻想破灭一代的代言人，伊丽莎白·沃策尔（Elizabeth Wurtzel）在《赞美困难中的女性》（*In Praise of Difficult Women*）中断言："我们没有变得越来越擅长爱，我们反而越来越害怕爱。我们在人生的一开始就没有获得爱的技能，而之后所做的选择也只会强化对爱的无望和无力感。"她的这段话阐述了我所了解的老一辈人对爱的态度。

当我和我这一代人谈起爱，尤其是当我谈到自己被爱得不够时，我发现大家都感到紧张害怕。有好几次，我和朋友说到爱的话题，朋友都会建议我去看心理医生。我明白一些朋友只是厌倦了我不厌其烦地说"爱"，所以才打发我去看医生，但大多数人只是在害怕，害怕探索爱在生命中的意义，害怕这种探索会在他们内心揭示出来的东西。

然而，当一位四十多岁的单身女性提起爱的话题时，人们往往会祭出深植于性别歧视思想中的假设，认为她只是"想要男人"罢了。没有人会觉得，这位女性其实对"爱"这个话题充满了思想的热情，她是在认真地从事一项哲学事业，努力理解日常生活中爱的形而上学意义。不，人们只会认为她只是在通往《致命诱惑》的道路上。①

持续的失望之情和心碎伤痛促使我开始对爱在我们文化中的意义进行更深层次的思考。对爱的渴望并没有蒙蔽我的理性或扭曲我的观点，相反地它给了我动力，来对爱的主题进行更多思考和讨论，并针对关于爱的主流严肃作品进行研究。结果我惊讶地发现，绝大多数被用作参考书目的"受人尊敬的"相关书籍，甚至那些流行的自助书籍，都是由男性撰写的。我一直认为，爱是女性的主要话题，女性对爱的思考比地球上其他任何人都更强烈、更有活力。我对此深信不疑，尽管颇有远见的爱的女性思想还没有像男性的思想和著作那样被认真对待。男性往往将爱理论化，而女性却是爱的践行者。大多数男性接受了他人的爱，因而了解被爱的感受；而女性却常常一直处于一种渴望的状态，渴望爱却得不到。

在哲学家雅各布·尼德曼(Jacob Needleman)的入门书《关于爱的小书》(*A Little Book About Love*)中，他所评论的几乎所有的爱情故事都是由男性撰写的，他的主要参考文献不包

---

① 《致命诱惑》(*Fatal Attraction*)，1987年上映的由阿德里安·莱恩（Adrian Lyne）导演的电影，讲述迈克尔·道格拉斯（Michael Douglas）饰演的男主角与格伦·克洛斯（Glenn Close）饰演的女主角发生婚外情的故事。

括任何女性写的书。在我攻读文学博士学位期间，我记得只有一位女诗人因为书写爱而受到赞誉——被称为爱的女祭司的伊丽莎白·巴雷特·勃朗宁（Elizabeth Barrett Browning）。她只被认为是一个小诗人，然而即使是最差的学生也知道她最著名的十四行诗的开场白："我究竟怎样爱你？且听我细细数来。"她活在前女权主义时代，而随着当代女权运动的兴起，古希腊诗人萨福（Sappho）如今已成为另一位爱的女神。

在当时，创意写作课程中所教授的爱情诗的主要作者都是男性，现在已经离我而去的伴侣当年也是用一首诗向我求的爱。他一向在感情上无所适从，对将爱作为讨论话题或日常生活实践一点也不感兴趣，但又有绝对的自信，坚信自己可以对爱高谈阔论。而我自己呢，长大后写爱情诗的所有尝试都是糊涂和可悲的，我的言语令我失望，我的想法似乎多愁善感、愚蠢而肤浅。只有在少女时代的诗歌创作中，我才拥有只有在男性作家身上才能见到的那种自信。我在十二岁时发表的第一首诗就叫《爱情一瞥》，当时的我认为爱情是诗歌唯一的主题，是最重要的激情。一路走来，在从少女到女性的那段经历中，我似乎逐渐了解到，女性对爱其实没有什么值得一提的深刻见解。

取而代之的是，死亡成了我诗歌的主题，我出的第一本诗集里全都是关于死亡和死者的诗，而我身边的其他教师和学生也毫不怀疑一名女性对死亡进行严肃的思考和讨论的能力。即便如此，那本书的开篇诗《女人的悲歌》，讲的是虽然爱人已死，却不能带走爱的记忆的故事。对死亡的思考总是让我回到爱的主题上来，尤其当我目睹许多朋友、同志和熟人离世，有些甚至是英年早逝后，我开始更多地探求爱的意义。快 40 岁的时候我去做了癌症检测，结果我一边等待测试结果，一边就沉浸于女性生活中变得司空见惯的癌症恐慌里。我那时的第一个想法就是，我还没有准备好去死，因为我还没有找到一心在寻找的爱。

这场危机结束后不久，我就患了重病，在鬼门关前走了一遭。意识到自己不久后可能会离世而去，我开始沉迷于探寻我的生命和当代文化中爱的意义。身为文化评论家，我的工作让我有机会关注到大众媒体，尤其是电影和杂志等媒介，看它们是如何谈论爱的。大体而言，大众媒体告诉我们每个人都想要爱，但我们仍然对如何在日常生活中进行爱的实践感到困惑不解。在流行文化中，爱情是一种幻想。这也许可以解释为什么男人做了大部分关于爱的理论化工作，因为幻想主要是他们的领域，无论是在文化生产领域还是在日常生活中，男性幻想都被视为可以创造出现实存在的东西，而女性幻想则仅仅是纯粹的逃避。因此在浪漫小说领域，女性仍有某种程度的谈论爱的权威。然而当男人涉足浪漫题材时，他们的作品却总被认为比女性的更有价值。像《廊桥遗梦》(*The Bridges of Madison*

County）这样的书就是最好的例子。如果一个女人写下了这个感伤的、肤浅的爱情故事（虽然也不能说是一无是处），无论题材如何，它都不大可能获得主流的成功。

当然，主题和爱有关的书籍的消费者主要是女性，然而单单用性别歧视的理由并不能解释为什么少有女性书写关于爱的作品。女性显然更愿意和渴望听到男性对爱的看法，因为性别歧视的思想可能会让人觉得，女人都已经知道别的女人会说什么了，而通过阅读男性的作品，她可以获得更多新东西。

之前，我读关于爱的作品的时候从来没有想过作家的性别，那时我十分渴望理解爱的含义，并没有真正考虑过性别在多大程度上塑造了作家的观点。直到我开始认真思考和书写爱这个话题时，我才开始怀疑女性在这方面是否与男性有所不同。

回顾关于爱情的文献，我发现无论男性作家还是女性作家，很少有人谈论父权制对爱的影响——男性对女性和儿童的统治对爱造成了阻碍。约翰·布拉德肖（John Bradshaw）的《创造爱：成长的下一个伟大阶段》（*Creating Love: The Next Great Stage of Growth*）是我关于这一主题最喜欢的书之一，书中他对建立男性统治（父权制的制度化）与家庭中爱的缺乏之间的联系进行了勇敢的尝试。布拉德肖以关注"内在孩童"的观点而闻名，他认为结束父权制是朝着爱的方向迈出的一步。然而，他关于爱的作品从未受到持续的关注和追捧，从未得到那些在描写爱时会带入性别歧视所定义的性别角色的男性的注意。

如果要创造一种爱的文化，我们的思维和行为方式就必须发生深刻的变化。写爱的男人总是宣称他们得到了爱，并以此为立场发言，而这样的发言也赋予了他们的话语以权威。女性则往往是从缺乏爱、未能得到爱的立场上讲述的。

说一个谈论爱的女性是危险的，也许是因为，没有偏见的女人所说的关于爱的一切都将直接威胁和挑战男性的爱的愿景。我喜欢男性作家对爱的看法，我珍惜我的鲁米和里尔克[①]，他们的言语激荡人心。男人经常以幻想为题材，通过他们所设想的可能，而不是他们具体知道的东西来写爱。我们现在知道，里尔克的生活状态和他的作品所呈现的并不一致，许多伟人关于爱的词句都经不起他们自己的现实生活的检验。尽管约翰·格雷（John Gray）的作品让我又恼又气，但我不得不承认我反复读了很多遍《男人来自火星，女人来自金星》（*Men Are from Mars, Women Are from Venus*）。即便如此，像许多男女一样，我想知道爱在幻想以外——也就是我们想象的可能发生的事情以外——的意义，我想在生活中了解爱的真相。

几乎所有最近流行的关于爱情的男性自助写作，从《男人来自火星，女人来自金星》到约翰·威尔伍德（John Welwood）

---

① 指波斯诗人贾拉尔·丁·鲁米（Jalal al-Din Rumi）和奥地利诗人赖内·马利亚·里尔克（Rainer Maria Rilke）。

的《爱与觉醒》(*Love and Awakening*)等作品，都使用了女性主义对性别角色的观点。然而，这些作者仍然执着于信仰，他们坚信女性和男性之间存在基本的内在差异。而实际上所有具体的证据都表明，虽然男性和女性的观点往往不同，但是这些差异都是后天习得的特征，而不是先天的或"自然"的特征。如果认为男性和女性是生活在完全不同的情感世界中的绝对对立的观念是正确的，那么男人就永远不可能成为爱的最高权威。性别刻板印象将感性和情感的角色分配给女性，而将理性和非情感的角色分配给男性，所以"真正的男人"会回避所有关于爱的话题。

尽管男性被认为是爱的既定"权威"，但只有少数男性对此畅所欲言，向世界倾诉他们对爱的看法。在日常生活中，男性和女性都对爱保持相对的沉默，以使自己免受不确定性的影响。虽然我们想了解爱，但是却更加害怕这样的欲望反而会导致自己越来越接近无爱的深渊。在我所生活的这个国家，绝大多数公民都信奉宣扬爱的变革力量的宗教，但其实许多人都觉得自己不知道如何去爱。在践行《圣经》中所记载的日常生活中关于爱的艺术的时候，几乎每个人都会感到异常困难。谈论死亡比谈论爱要容易得多，表达爱缺失的痛苦比描述它在我们生活中的存在和意义要容易得多。

从小到大我们接受的教育都告诉我们，学习依靠的是思想而不是感情，所以我们中的许多人都认为，以任何强度的情绪谈论爱都是软弱和非理性的。尤其是，谈论爱的时候我们会意识到无爱其实比爱更普遍，甚至许多人既不确定爱的意义，也不知道如何表达，这就让关于爱的讨论变得特别困难。

每个人都想更多地了解爱，想知道有爱的感情意味着什么，在日常生活中应该怎样去爱和被爱。我们想知道如何引诱那些仍然固执于无爱的人，并打开他们的心门让爱进入。然而我们欲望的力量不会改变深植于我们文化内部的不确定性。每个人都知道爱很重要，但我们四周却充斥着失败的爱。在政治领域、宗教领域、家庭和感情生活中，爱几乎从不会影响决定、加强社区理解力或是凝聚力。然而这种黯淡的局面丝毫没有改变我们渴望的本质，我们仍然希望爱会占上风，我们仍然相信爱的承诺。

正如那涂鸦，我们中的许多人仍然相信爱的力量，而这也正是希望所在。我们相信了解爱很重要，我们相信寻找爱的真理很重要。在无数私人和公开对话中，我描述并见证了我们文化中越来越多的无爱现象，以及无爱在每个人心中所造成的恐惧。这种对爱的绝望与冷酷的愤世嫉俗的情绪相结合，令我们拒绝承认爱与工作一样重要，拒绝承认爱和对成功的渴望一样是我所生活的国家的立国之本。我的国家与世界上任何其他国家都不一样，驱动它的是一种追求爱的文化

（这是我们电影、音乐、文学的主题），然而令人惊讶的是，这种文化为我们提供的如何理解爱、如何在言行中践行爱的方式却如此之少。

我所生活的国家同样受到性痴迷的驱使。关于性，没有哪一方面还没有被研究、谈论或证明过。和性相关的课程包罗万象，然而和爱相关的课程却完全不存在，好像大家都假设自己会本能地知道如何去爱。我们仍愿意相信家庭是爱的学校，尽管有大量的证据反对这一观点。我们这些没有在家中学会爱的人，似乎应当在恋爱关系中体验爱，然而这种爱常常让我们望而却步。我们一生都在治愈在原生家庭和无所适从的恋爱关系中经历的残酷、忽视和各种无爱所造成的伤害。

只有爱才能抚平过去的创伤，然而我们受的伤是如此之深，往往会让自己关闭内心，使我们无法给予爱，也无法接受他人给予我们的爱。为了更充分地向爱的力量和恩典敞开心扉，我们必须敢于承认自己在理论和实践中对爱知之甚少，必须勇于面对困惑和失望，因为我们所学到的关于爱的本质的大部分内容根本无法应用于日常生活。思考着日常生活中爱的实践，思考着如何去爱，思考着我们需要做什么才能让爱的神圣存在遍布于我们的文化中，我写下了这篇沉思。

正如本书书名《关于爱的一切》所阐述的，我们希望生活在可以让爱蓬勃发展的文化中，我们渴望结束在社会中普遍存在的无爱现象。这本书会告诉我们如何向爱回归,它提供了思考爱的艺术的全新方式,为爱的变革力量提供了充满希望的、欢乐的愿景;它汇聚了爱的智慧,让我们知道我们必须做什么才能再次去爱,才能被爱的恩典所感动。

# 明确:
# 给爱以言语

> 作为一个社会,爱令我们尴尬。当我们把爱当作一种道德败坏的行为来对待,我们承认爱的情感时就犹犹豫豫,即使说出这个词也会让我们吞吞吐吐和脸红……爱是我们生命中最重要的事情,是一种我们会为之奋斗和死去的激情,但我们又不愿意大方地说出它的名字。要是不知道一些灵活的词汇,我们甚至无法直接谈论或思考爱。
>
> ——黛安·阿克曼(Diane Ackerman)

## 一　明确：给爱以言语

我生命中的男人们都是会很谨慎地使用"爱"这个词的那类人。他们谨慎，因为他们觉得女人把爱看得太重了，而且他们知道爱对我们的含义和对他们的含义是不同的。这种使用"爱"这一词汇时产生的困惑正是我们在爱这件事上的困难根源，如果我们的社会对爱的意义有一个普遍的共识，那么爱的行为就不会那么神秘了。字典对爱的定义往往强调浪漫的爱情，首先将爱定义为"对另一个人深切温柔、充满激情的感情，尤其是基于性吸引力的时候"。当然也有其他定义让读者知道，在非性的背景下，人们也可能会有这样的感受。然而，深刻的感情并不能真正充分地描述爱的意义。

绝大多数关于爱的书籍都会避免给爱下明确的定义。在黛安·阿克曼 (Diane Ackerman) 的《爱的自然史》(*A Natural History of Love*) 的序言中，她宣称"爱是伟大的无形之物""每个人都承认爱是美好和必要的，但无人能在爱是什么这个问题上达成一致。"她接着又扭捏地补充道："我们以如此草率的方式使用爱这个词，以至于它可以代表一切，或是什么都不代表。"她的书中从未出现过任何可以帮助人学习爱的艺术的定义,而且她也并不是唯一一个把我们对爱的理解写得不明不白的人。当"爱"这个词的真正含义笼罩在神秘之中时,人们无法对它下定义也就不足为奇了。

如果有一个共通的定义,那我们学习如何爱就会容易得多。"爱"这个词最常被定义为名词,但更精明的爱理论家却认为,将它用作动词的话我们会爱得更好。我花了数年时间为"爱"这个词寻找一个有意义的定义,最终在精神病学家 M. 斯科特·派克(M. Scott Peck)于 1978 年初版的经典自助书《少有人走的路》(*The Road Less Traveled*)中得偿所愿。派克受埃里希·弗洛姆(Erich Fromm)的影响,后者将爱定义为"为了滋养自己或他人的心灵成长而扩展自我的意愿"。他进一步解释说:"爱是一种行为,一种意志行为——既是一种意图,也是一种行动。意志也意味着选择,我们不能被强迫去爱,爱是一种选择。"这个定义驳斥了被普遍接受的"爱是本能"的假设,因为选择的爱必须能够滋养人的心灵成长。

每一个亲历过孩子从出生到长大的成长过程的人都会清楚地知道,婴儿在会说话、会认人之前,就会对充满感情的关怀做出反应。一开始他们只会报以愉悦的声音或表情,而随着年龄的增长,孩子们也会以感情回馈感情,比如当看到喜欢的看护人时会发出咕咕声。感情只是爱的一种成分,要真正地爱,我们必须学会混合各种成分——关怀、感情、认可、尊重、承诺、信任,以及诚实和开放的沟通。如果一个人在很小的时候学到爱的定义是错误的,那么他长大后就会很难去爱。一开始就选错了方向,结果只会南辕北辙。大多数人很早就将爱视为一种感觉,当我们深深地被某人吸引时,会将自己"灌注"(cathect)其中——也就是说,我们将感觉或情感投入到我们所爱的人身上,而此人对我们来说也变得极其重要,这一过程被称为"灌注"(cathexis)。派克在他的书中强调,我们大多数人都"将'灌注'与爱混淆了",通过灌注与他人发生联系的人往往坚称他们是在爱对方,即使后者正在伤害或忽视他们。正因为他们所体会的感觉事实上是灌注,他们才会坚持认为他们的感觉是爱。

如果将爱理解为滋养我们自己和他人的心灵成长的意愿,那么很明显,伤害和虐待就绝不能被称为爱。爱和虐待不能共存,因为根据定义,虐待和忽视是养育和照顾的反义词。我们经常听说这样的事,一个男人经常殴打他的老婆和孩子,但是之后他又会在小酒馆里激情地宣称他非常爱他们。而他的妻子甚至也会在心情好的时候说,尽管她的丈夫经常打她,但他仍是爱着她的。我们绝大多数人的家庭都是功能失调的,我们的家庭让我们觉得自己不正常,对我们进行言语上的羞辱或肢体的虐待、情感的忽视,但却又教导我们应该相信自己仍然是被爱的。大多数人都很害怕接受爱的定义，因为那样会让他们意识到，他们的家庭中并没有爱。有太多人需要攀附上另一种爱的观念，让虐待变得可以接受，或者至少让已经发生的事情看起来并没有那么糟糕。

我在一个羞辱辱骂与关爱关怀并存的家庭中长大，这让我也很难接受"功能失调"这个词。我过去和现在都能感受到与父母、兄弟姐妹之间关系紧密，并为我们家庭生活的所有积极方面感到自豪，我不想用一个消极或糟糕的术语来描述我们曾经在一起的生活，我不想让我的父母认为我在贬低他们，我确实很感激他们给家庭带来的那些美好。在心理治疗的帮助下，我终于认识到了"功能失调"这个词是一种有意义的描述，而不是绝对的负面判断。我的整个童年时期都在原生家庭的失调环境中度过的，并且它至今也没有改变，不过这并不是说那里没有感情、喜悦和关怀。比如，家里人会肯定和鼓励我，说我是个聪明的女孩，然后过几个小时又会告诉我，就是因为我自认聪明，以后很可能会变成疯子，被关进一个没人会来看我的精神病院。我的家庭中同时存在着关怀和刻薄，这样的氛围毫无疑问地对我的心灵成长没有积极的影响。从派克对爱的定义来看，我的原生家庭并不能说是有爱的。

在治疗中被迫直面这个问题后，我痛苦地承认了在原生家庭中没有感受到爱，不过仍感受到了关怀。在原生家庭之外，我感受到了来自个别家庭成员的真正的爱，比如我的祖父。这种真切的爱的体验（关怀、承诺、信任、被知晓、责任和尊重的结合）滋养了我受伤的心灵，使我能够在无爱中幸存下来。在一个充满关怀的家庭中长大，我充满感激之情，并且坚信如果我的父母在之前得到过他们父母的爱，他们也会把这种爱传递给他们的孩子。他们给予了他们所能给予的——关怀。但请记住，关怀只是爱的一个维度，仅仅给予关怀并不意味着我们在爱。

像许多小时候受到言语和/或身体虐待的成年人一样，我长久地试图否认已经发生的坏事，只抓住那些我受到关心时的美好时光的记忆。我在事业上越成功，就越不想谈论我童年的真实情况。自助文学和康复计划的批判性内容让我们觉得，大多数人都急于承认我们的原生家庭曾经、现在或始终都处在功能失调和爱的缺乏中，但我发现，像我一样，无论是否在充满暴力或虐待的家庭中长大，大多数人都不想对自己的经历进行任何负面批评。一般来说，必须经过干预治疗，比如心理治疗或是阅读有教导性和启发性的书籍，人们才可以批判性地回顾童年经历，并承认这些经历对我们成年后的行为产生了影响。

人们很难接受这样一种爱的定义，即只要有虐待行为，爱就不存在。大多数在心理和/或身体上受过虐待的孩子都被父母教导过，爱可以与虐待共存，甚至在极端情况下，虐待可以是爱的一种表达方式。这种错误的想法影响了我们在成人时对爱的看法。我们坚称那些儿童时期伤害过我们的人是爱我们的，顺着同样的逻辑，长大后我们也会将其他成人对我们的伤害理性化为爱。就我而言，我在童年时期遭受的许多负面的羞辱行为也在我成年的恋爱关系中继续存在。我最初也不愿接受爱的定义，因为它会迫使我意识到，即使在对我来说最重要的关系中我也从未被爱过。多年的治疗和批判性反思让我终于认识到，在重要的关系中缺乏爱并没有什么丢人的。诚实而现实地面对无爱的事实，是在灵魂层面上恢复和保持健康的过程的一部分。缺乏持久的爱并不意味着缺乏关怀、感情或欣愉。事实上，我的长期恋爱关系和我的家庭关系一样，都充满了关怀，以至于让我很容易地就忽视了持续存在的情绪障碍。

　　为了改变我重要关系中的"无爱"，我必须首先重新学习爱的意义，并进一步学习如何去爱。接受一个明确的爱的定义就是这个过程的第一步。像许多一遍又一遍地阅读《少有人走的路》的人一样，我很感激它给出了爱的定义，帮助我面对生活中缺乏爱的地方。当我第一次学会将爱理解为"为了滋养自己或他人的心灵成长而扩展自我的意愿"时，我只有二十多岁，那之后过了好几年我才改掉了那些让我失去爱与被爱能力的行为习惯。其中一个尤其严重的习惯是，我总是与情感上受到伤害的人走在一起，他们虽然内心深处渴望被爱，但表面上却对被爱并不怎么感兴趣。

我想了解爱,但却害怕把自己完全交付给另一个人。我害怕和他人的亲密关系,所以我总是选择对爱不感兴趣的男人,这样我才能够练习给予爱,但同时又总是有所保留。自然,我需要去接受爱没有得到满足,这仅仅是获得了我早已习惯的关怀和感情,而且经常夹杂着一定程度的不友善、忽视,有时甚至是彻头彻尾的残忍。有时甚至我也表现得很不友善。我花了很长时间才意识到,虽然我想了解爱,但我害怕真正的亲密关系。我们中的许多人选择忽略爱的关怀与感情的关系,这样他们会感到更安全,因为这种关系的要求没有爱的要求那么强烈,风险也没有那么大。

我们中的许多人渴望爱情,但缺乏冒险的勇气。尽管我们似乎对爱很执着,但事实上,即使没有爱,大多数人还是觉得自己的生活相对体面,甚至稍稍令人满意。在这些关系中,我们可以分享真正的感情和/或关怀,对于我们大多数人来说,这就已经足够了,因为它通常比我们在原生家庭中获得的要多得多。许多人都倾向于认为,爱是千人千面的,对每个人来说爱都可以有不同的定义,而这恰恰是因为当我们准确而清晰地定义爱时,它会强迫我们直面我们的缺失——这真是可怕的异化。事实上,在我们的文化中有太多人不知道什么是爱,而这种无知感觉就像一个可怕的秘密,一个我们必须掩盖的缺失。

要是我在年轻的时候就知道了爱的明确定义，我就不会花这么长时间才成为一个有爱的人；要是我和大家对爱的定义有了共识，那么创造爱就会更容易。尤其令人痛心的是，最近许多关于爱情的书籍仍坚持认为给爱下定义是不必要和毫无意义的，甚至还有的作者认为爱对男性的意义应该不同于对女性的意义——因为两性的语言是不同的，所以应该尊重并适应两性之间无法交流的情况。这种类型的书很受欢迎，因为它不要求对性别角色、文化或爱的固定思维方式进行改变。这种书并没有帮助我们变得更有爱，反而鼓励我们去适应缺乏爱的环境。

女性比男性更喜欢这类书。无爱困扰着我们所有人，由于许多女性认为她们永远不会获得圆满的爱，因此她们愿意采取各种策略来缓解现有的关系（尤其是恋爱关系）中的痛苦并加强其中平静、愉悦和乐趣的感觉。当下美国社会还没有提供让读者向这些书籍的作者进行反馈的渠道，所以我们其实并不知道它是否真的有用，是否能够促进我们进行建设性的改变。虽然女性比男性更愿意购买自助书籍，用自己的钱将它们推进畅销书排行榜，但这一事实并不能说明这些书真的帮助我们改变了生活。我买了很多自助书籍，但只有少数几本真正改变了我的生活，而且这样的情况对很多其他读者来说也存在。

我们的文化和生活中始终缺乏关于爱的实践的持续公开讨论和公共政策，这使得我们仍然视书本为主要的指导。大量读者已经接受了派克对爱的定义，并以有益和变革的方式在生活中对其进行实践。我们可以通过在日常对话中谈论这个定义来传播它，不仅在与成年人的交谈中可以这样做，在和儿童及青少年的谈话中更要如此。通过对"爱没有准确的、有实用价值的定义"这一神秘化假设提出质疑，我们就给爱提供了一个可以更加蓬勃发展的环境。派克的定义中使用了"精神"这个词，这让很多人难以理解。事实上他指的是我们的核心存在中，思想、身体和精神融为一体的那个维度。一个人不需要信仰某种宗教，也可以相信自我中存在着"活力之本"（animating principle）——一种生命力（我们中的一些人称之为灵魂），当它被培养时，可以增强我们更充分地实现自我的能力，并能让我们和周围的世界建立连接。

如果将爱视为一种行为而非感觉，那么我们自然就会开始承担爱的责任。我们往往认为人不能控制自己的"感觉"，但可以支配自己的行为，自己的所作所为是自身意志的结果。我们很清楚，自身的行为要承担后果。这样的思考方式可以让我们摆脱诸多约定俗成的假设，比如，父母爱他们的孩子；人会在没有行使意志或选择的情况下"坠入爱河"；"激情犯罪"。如果我们不断提醒自己爱是爱的行为，我们就不会以贬低其意义的方式使用这个词。爱意味着公开诚实地表达关心、感情、责任、尊重、承诺和信任。

定义是想象力的重要起点，我们无法想象的东西也注定无法实现。一个好的定义标记着我们的起点，同时让我们知道我们想去往何处。当我们朝着既定的目标前进时，我们会记录过往，绘制一张地图，来引导我们走过爱的旅程——而这旅程就从明确爱为何物开始。

# 公正:
# 童年之爱的教育

童年时与父母的分离会给大脑留下情感上的伤疤,因为它会破坏人与人之间的基本联系:亲子纽带。亲子纽带让我们知道自己是被爱的,并且教我们如何去爱。如果没有这人之初的依靠,我们就不能成为一个完整的人——做人事实上是很难的。

——朱迪斯·维奥斯特(Judith Viorst)

## 二 公正：童年之爱的教育

我们在童年时学习爱，无论我们的家庭是幸福的还是烦恼的，功能正常还是失调，它都是爱的第一所学校。我不曾向父母请教过爱的定义，对儿童时期的我来说，爱就是和家人之间互相重视时得到的美好情感，而美好的情感就是爱的全部。到了青春期早期，父母会对我和兄弟姐妹们进行鞭打体罚，一边打还会一边说："打你是为了你好""打你是因为我爱你"。这让我和兄弟姐妹们感到困惑不解——为什么严厉的体罚会是一种爱的表现？像所有孩子一样，我们假装接受了大人的这种逻辑，但我们心里却知道这是不对的，是谎言，就像大人在体罚后说的谎言一样："打在你身疼在我心，我比你更疼。"被孩子所爱、所尊重的大人实施的不友善和/或残忍的惩罚，没有什么比它更能在孩子们心中和脑中制造关于爱的困惑了。这样的孩子很早就学会质疑爱的意义，他们也渴望爱，但同时也会质疑爱是否存在。

另外，有很多孩子长大后仍然相信爱是一种美好的感觉，他们儿时不曾被惩罚，从而相信爱只是需求和欲望的满足。在这样的孩子的心中，爱不是他们付出的，而是给予他们的东西，他们在物质上被过分溺爱，行为上被放纵以致无理取闹。这事实上是一种儿童忽视。这些孩子虽然没有受过虐待或怠慢，但和情感上被忽视和遗弃的孩子一样，他们也不清楚爱的意义。通过奖励和惩罚的机制，这两种人都学会了将爱视作一种感觉。从孩提时代起，当我们做了让父母高兴的事情时，父母就会告诉我们他们爱我们，而当他们让我们高兴时，我们也会给出爱的反馈。随着我们的成长，我们将爱与关注、爱意和关怀的行为联系在一起，进而会认为，父母满足自己的欲望就是爱自己。

来自不同社会阶层的孩子们都告诉过我，他们爱父母，父母也爱他们，即使是那些受到伤害或虐待的孩子也这样说。当被问及爱的定义时，小孩子们几乎都同意，爱是一种美好的感觉，比如"吃自己爱吃的东西，尤其是最爱吃的东西"。他们会说："我妈妈爱我，因为她照顾我，帮我把事情做好。"而当被问及如何爱一个人时，他们的回答则会涉及拥抱、亲吻，表现得甜美而可爱，等等。爱可以是一个拥抱、一件新毛衣或是去迪士尼乐园的一趟旅行。爱就是得到自己想要的东西，这样的思考方式使儿童难以获得对爱更深层次的情感理解。

我们一般认为，孩子在家中是被爱的，然而不懂如何爱的父母是没有能力爱孩子的。尽管很多家庭都会给予孩子一定程度的照顾，但却不一定能够持续地给出爱。来自各个阶层、民族和性别的人都在控诉家庭，他们的证词描绘了一个个缺乏爱的童年世界，混乱、忽视、虐待和胁迫充斥着他们的童年。在露西娅·霍奇森（Lucia Hodgson）最近的著作《囚禁中长大：为什么美国让孩子们失望？》（*Raised in Captivity：Why Does America Fail Its Children？*）中，她揭示了美国绝大多数儿童生活中无爱的现实。在我们的文化中，每天都有成千上万的儿童遭受言语和身体上的虐待、饥饿、折磨和谋杀，他们是亲密关系中的恐怖主义的真正受害者，因为他们没有权利为自己发声。他们仍然是监护人的财产，任由他们处理。

没有公正就没有爱。我们的社会必须尊重并且维护儿童基本的公民权利，否则大多数儿童都不会知道爱为何物。在我们的文化中，私人家庭住宅是一种被制度化的权力领域，很容易变成专制主义的和法西斯主义的环境。父母是孩子的绝对统治者，可以在没有任何干预的情况下替孩子做决定。就算儿童的权利在家庭中被剥夺，儿童自己也无法通过法律追诉。妇女尚可以组织起来抗议性别歧视统治，要求平等权利和公正，而当儿童在家庭中受到剥削和压迫时，只能依靠善良的成年人来帮助他们。

然而通常情况下，成年人都很少质疑或指责他们的同龄人对"他们的"孩子的所作所为。

我参加过一次有趣的聚会,参加者几乎都是有工作的人,来自不同的民族、年龄层,并且大多接受过良好的教育,收入丰厚。在聚会上,有人说起了体罚孩子的话题,几乎所有三十岁以上的人都谈到了使用体罚的必要性。许多人在孩提时代都曾被打过。男人为体罚辩护的声音最大,而女性,尤其是已经当了母亲的,一般将体罚作为最后的手段,只在必要时使用。

一名男性客人以吹嘘的语气说起,母亲曾经对他进行过惨烈的殴打,并且声称这其实"对他大有好处"。我打断了他,指出如果他没有遭到如此残酷的殴打,那他现在可能就不会如此讨厌女性。小时候被人打,长大后就会打人,虽然在这两者之间构建因果有过分简化之嫌,但我仍希望众人明白,儿童时期受到大人施加的身体伤害或虐待会对我们产生有害的后果。

另一位年轻的母亲,扬扬得意地说她没有用殴打来惩罚过孩子,当她的儿子淘气时,她就掐他身上的肉,直到他听话为止。但这事实上也是强制虐待的一种形式。其他客人都对这位年轻的母亲和她的丈夫表示支持。我当时惊呆了,我是当时在场唯一一个为儿童权利发声的人。

后来,我向其他人提出假设,如果一个男人告诉我们,每次他的妻子或女朋友做他不喜欢的事情时,他就会掐她的肉,那我们都会对此表示震惊,人们会认为这种行为是强制性和虐待性的。然而,人们却不认为成年人以这种方式伤害孩子是错误的。参加聚会的所有有孩子的人都声称他们是爱孩子的,他们都受过大学教育,大多数人自称开明,支持民权和女权主义。但是当谈到儿童权利时,他们却有不同的标准。

要构建一种有爱的文化,我们必须否定现在社会中最流行的一种错误观点,即虐待和忽视可以与爱共存。虐待和忽视是对爱的否定,而与虐待和忽视相反的关怀和肯定,则是爱的基础。实施虐待行为的人绝不是有爱的。然而在我们的文化中,父母却一直都是这样做的,一边虐待孩子一边又告诉孩子,他们爱他。

只要存在虐待,就证明了爱的失败。

在《少年,成长中的男人》(*Boyhood, Growing Up Male*)中,许多男人讲述了父母对他们的暴力虐待造成创伤的故事。鲍勃·谢尔比(Bob Shelby)在他的文章《当我父亲打我时》(*When My Father Hit Me*)中描述了他被父亲反复殴打的痛苦,他说:"从我父亲的这些经历中,我了解到了什么是权力的滥用。他不停地打我和母亲,不允许我们对他的羞辱做出任何反应。我们不再抗议他对我们的侵犯,也不再反抗他对我们作为有需要、要求和权利的个体的感觉的忽视。"谢尔比在整篇文章中阐述了对爱的意义的矛盾理解,一方面,他说:"我毫不怀疑我父亲爱我,但他的爱方向错了。他说他想给我他小时候没有的东西。"另一方面,谢尔比也承认,"然而,他让我看到最多的是，他很难被爱。他一生都在与不被爱的感觉作斗争。"在谢尔比口中，他的父亲很爱他，有时也会照顾他。然而，他的父亲却不知道如何给予和接受爱，他给予的爱被虐待所破坏。

谢尔比从成人回忆的角度写作，谈到身体虐待对他童年时期心理造成的影响，"随着肉体的痛苦愈发强烈，我的内心也越来越疼。他在打我，而我却爱着他，这正是最令我痛苦的。于是我将我的爱蒙上了仇恨的黑布。"其他来自不同阶层和民族的男人也都在自传体叙事中讲述了类似的故事。关于无爱的错误观点之一就是，它只存在于穷人中间。事实上无爱并不是贫穷或物质匮乏的结果，在富有的特权家庭中，儿童也会遭受情感上的忽视和虐待。为了应对童年创伤的痛苦，《少年，成长中的男人》中出现的大多数男人都会寻求某种形式的治疗，为了找到回归爱的方法，他们必须治疗。

在我们的文化中，许多男人从未从童年的痛苦经历中恢复过来。研究表明，在没有关怀干预的情况下，反复遭受暴力羞辱和虐待的男性和女性更容易出现功能障碍，并倾向于暴力虐待他人。贾维斯·杰·马斯特斯（Jarvis Jay Masters）在他的书《寻找自由：死囚牢房的著作》（Finding Freedom : Writings from Death Row）中名为"伤疤"的一章中讲述了他的发现，绝大多数囚犯（不只是死囚）身上的伤疤并非源于成年后的暴力行为，而是由童年时期的殴打造成的。然而，这些囚犯中没有任何一个人认为自己遭受过虐待。他写道:"在这种制度化的环境里生活了很多年,我和这些囚犯一样,不知不觉地就躲到了监狱的围墙后面。我读了一系列为儿童时期受虐待的成年人写的书之后,才开始重新审视自己的童年。"在组织这些人进行小组讨论时,马斯特斯写道:"我向他们讲述了我在十多个机构里所受过的痛苦,所有这些事件最终让我陷入了"与一切对抗"的状态里。和许多受过虐待的儿童一样,这些男人也遭到过母亲、父亲和其他看护人的殴打。"

马斯特斯的母亲去世时他没能去见她最后一面,他因此倍感悲痛。而其他囚犯却无法理解这种痛苦,因为他们知道马斯特斯的母亲曾忽视并虐待他。对此他回答说:"她忽视了我,但我不能也忽视了自己,我不能否认我希望在她去世时能陪在她身边,不能否认我仍然爱她。"即使身为死囚,马斯特斯的心仍然是敞开的,他可以坦诚给予和接受爱的渴望。即便受过父母的伤害,孩子们也很少会改变爱他们和被他们爱的渴望。在童年受过创伤的成年人中,渴望被冷漠的父母所爱的愿望依然存在,即使他们很清楚这种爱永远不会来。

通常情况下,孩子们即便受到了看护人的伤害也还会想和他们继续在一起,这是因为孩子们对监护人进行了感情的灌注。即使遭受过虐待,他们也会坚持认为父母爱他们,会否认虐待并强调其他的照料行为。

在《创造爱》(Creating Love)的序言中,约翰·布拉德肖将这种关于爱的困惑称为"神秘化"。他写道:"我从小就相信爱植根于血缘关系,相信人们会很自然地爱所有的家人。我学到的爱不是一种选择,而是受义务和责任的约束……我的家人教会了我,我们文化中关于爱的规则和信仰……尽管父母的出发点是好的,但他们也经常将爱与我们现在所说的虐待相混淆。"为了揭开爱本身、爱的艺术和实践的神秘面纱,我们需要告诉孩子爱的合理定义,还需要确保虐待绝不会与爱共存。

育儿的成年人一定要学习如何进行爱的教育,因为在我们的社会中孩子并不享有充分的公民权利。爱的教育的重要一环是为孩子设定行为不端的界限,并且也教会孩子自己给自己设定界限。如果父母一开始使用惩罚来管教孩子,那么就会在孩子心中建立起惩罚的模式。会爱的父母会尽量不使用体罚的方法进行管教。这并不是说他们从不惩罚,而是说他们会使用关禁闭或剥夺特权等方式。他们会教孩子们如何自律,如何为自己的行为负责。在我们大多数人的家庭中,管教的主要方式都是体罚,以致许多人都不知道其实还有别的方法。孩子们学习纪律的最简单方法之一就是学习如何在日常生活中保持秩序,自己弄乱的地方要自己清理,比如教孩子在玩耍后把玩具放好就是一种培养责任感和自律的方法。清理玩耍时弄乱的东西有助于孩子学会负责,而且他们也可以从这种实际行为中学习如

## 二 公正：童年之爱的教育

何应对混乱的情绪。

如果当前的电视节目中有爱的教育的榜样，那父母就可以学习爱的技能。然而面向家庭的电视节目通常会表现儿童过度放纵、不尊重他人或耍脾气的一面，他们的举止往往更接近成年人。如今的电视节目所宣扬的，往好了说是不当行为，往坏了说是非爱的行为，比如《小鬼当家》(*Home Alone*)这样的电影就推崇不服从和暴力。但是电视里也可以看到那些充满爱的家庭互动，一代又一代的成年人都曾以怀旧的情愫谈起，他们有多么希望拥有《天才小麻烦》(*Leave It to Beaver*)或《我的三个儿子》(*My Three Sons*)中所描绘的家庭生活，因为我们从中见证了充满爱的家庭和教育。然而当我们把这心愿告诉父母时，他们却常常说，那样的家庭是不现实的。然而事实上，父母自己也来自没有爱的家庭，他们从未学习过如何创造充满爱的家庭环境，进而认为电视上的家庭是不现实的。他们最熟悉和最信任的现实家庭，则是他们亲身经历过的。

在这些节目中解决家庭问题的方式并非空想。解决不当的行为通常是通过家长和孩子的讨论、批判性反思和寻找弥补的方法。在这两部电视剧中，参与育儿工作的角色也都不止一人。《我的三个儿子》中没有母亲的角色，但可爱的查理叔叔扮演了第二位父母。在有多位看护人的充满爱的家庭中，当孩子觉得父母一方不公正时,可以向另一位成年人求助,寻求调解、理解或支持。我们社会中的单亲家庭越来越多,有单身母亲也有单身父亲。单身父母可以选择一个朋友作为第二育儿角色,无论他们的互动多么有限。这同时也是为什么教母和教父的角色如此重要。我的儿时好友成为单身母亲时,我成了她孩子的教母,作为第二育儿角色。

如果我朋友的女儿和她之间存在误解或沟通不畅,她就会求助于我进行干预。举例来说,我的这位朋友在小时候从来没有得到过零用钱,她也觉得自己没有多余的钱提供给女儿作为零用钱,她还认定女儿会用所有的钱买糖果。她告诉我她女儿因此很生气,所以她希望和我谈谈。我告诉了她我的信念,通过零用钱,我们可以教孩子们纪律、界限,平衡欲望与需求。我对我朋友的财务状况很了解,因此可以挑战她付不起一小笔零用钱的做法,同时我也鼓励她不要将自己童年的错误经历投射到现在的生活中。至于她女儿会不会买糖果,我建议她给她女儿零用钱,并同时表示希望女儿不要乱花,看看情况如何。

结果一切都很顺利,她女儿很高兴能有零用钱,并选择存钱去买她认为很重要的东西,而不是糖果。如果没有另一个育儿角色的介入,她们两人可能要花很长时间来解决彼此的冲突,而且很可能会发生不必要的疏远和伤害。值得注意的是,我们两个成年人之间充满爱和尊重的互动，为女儿（她被告知了讨论的内容）学习如何解决问题提供了例证。通过表现出接受批评和反思自己的行为并且加以改变的能力，这位母亲在不失去尊严或权威的情况下为女儿树立了榜样，让女儿意识到父母并不总是对的。

除非在我们文化的方方面面都能看到爱的教育，否则许多人会继续相信我们只能通过体罚来教孩子守纪律，并且严厉的体罚是一种可以接受的与孩子相处的方式。孩子们可以天生地表达爱意或回应爱意的关怀，所以我们总是认为他们知道如何爱，不需要学习爱的艺术。虽然很小的孩子就表现出爱的意愿，但他们仍然需要被指导如何去爱，而成年人必须提供这种指导。

爱就是爱的行为，给予孩子爱是我们的责任。当我们爱孩子时，我们会通过我们的每一个行动承认他们不是物品，他们拥有权利——我们尊重并维护他们的权利。

没有公正就没有爱。

# 诚实：
# 待爱以真诚

当我们向伴侣展示真实的自我，并发现这带来的是治愈而不是伤害时，我们就有了一个重要的发现——亲密关系可以提供一个远离充满伪装的世界的避难所，一个我们可以做自己的神圣空间，让我们可以做自己……这种对真实自我的展示——说出真实的自己，分享我们内心的挣扎，暴露出真实的自我——是一种神圣的活动，它让两个灵魂更深入地相遇和接触。

——约翰·威尔伍德（John Welwood）

## 三 诚实：待爱以真诚

当我们在儿童时代第一次了解公正和公平竞争时，通常都是在面临说真话还是说谎问题的时候，这绝非偶然。公正的核心就是讲真话，要看到自己和世界的本来面貌，而不是我们想要他们变成的样子。近年来，社会学家和心理学家的研究发现，我所生活的国家爱撒谎的人越来越多。哲学家西塞拉·博克（Sissela Bok）的书《说谎：公共和私人生活中的道德选择》(*Lying : Moral Choice in Public and Private Life*)是这方面最早出版的著作之一，它将人们的注意力引向这样一个事实：撒谎在我们日常交往中早已被广泛而普遍地接受。派克的《少有人走的路》(*The Road Less Traveled*)里有一整节关于说谎的内容。另一位广为人知的心理治疗师哈里特·勒纳（Harriet Lerner）在其著作《谎言之舞》(*The Dance of Deception*)中写道，"社会化过程中的性别歧视倾向鼓励女性惺惺作态、操纵他人，以撒谎来进行取悦，持续的伪装和说谎使女性无法面对自己的真实感受，导致内心抑郁、丧失自我"。

我们在生活中最微不足道的事情上撒谎，比如像是被问起"今天过得怎么样？"这样简单的问题时，我们也会撒谎而不是说出真相。人们在日常生活中所说的大部分谎言要么是为了避免冲突，要么是为了保护某人的感情。例如一个你不喜欢的人请你吃饭，那你大概不会说实话直接拒绝，而是会编故事，说个谎。但事实上，如果阐明拒绝的原因会伤害到他，那么正确的做法其实是简单直接地拒绝，而不要说明理由。

很多人在童年就学会了撒谎，这通常是为了逃避惩罚，或是避免让成年人失望或伤害他们。很多人都可以真实地回忆起童年的那些时刻，我们勇敢地实践了父母教我们的诚实守信行为，却发现他们并不是真的想让我们一直都说实话。在太多情况下，当儿童诚实地回答一名成年权威人物提出的问题时，他们会受到惩罚。他们很早就意识到，说实话会造成痛苦，因此他们了解到说谎是一种避免受到伤害和伤害他人的方式。

孩子们发现他们既要说真话，同时又要适时地说谎，这令他们困惑不解。随着他们慢慢长大，他们看到成年人经常说谎，而很少说实话。在我长大的世界里，大人们告诉孩子们要诚实，但没过多久孩子们就发现大人们并不能以身作则。在我的兄弟姐妹中，那些学会礼貌地撒谎或说出大人想听的话的人，总是比我们这些说真话的人更受欢迎，获得的奖励也更多。

总有这么一些孩子可以很快就学会伪装的艺术（即披上任何一种需要的外表来操弄局势），而也有一些孩子却很难掩饰自己真实的感受。为什么会这样？恐怕是永远说不清楚的。"假装"被视作童年游戏的正常一部分，因此它也成了掌握伪装艺术的好机会。隐瞒真相在儿童游戏中常常是有趣的，但如果经常这样做，就有增加孩子一直说谎的风险。

有时，孩子们对说谎很着迷，因为他们看到谎言赋予了他们超越成人的力量。请想象如下场景：一个小女孩告诉她的老师她是被收养的，即便她很明确地知道这不是真的。当老师给她的父母打电话说起这件事的时候，她就陶醉于所受到的关注、老师的同情和理解以及她父母的沮丧和愤怒中。我的一个经常撒谎的朋友告诉我，她喜欢愚弄他人，因为她喜欢让别人为只有她自己知道不是真实的事付出行动。当时她只有十岁。

我十岁的时候是很害怕撒谎的，因为我觉得撒谎让我感到困惑，同时也会制造混乱。因为不擅长撒谎，其他孩子还嘲笑过我。有一次我的父母之间爆发了暴力的肢体冲突，父亲大骂母亲，说她向他撒谎。还有一次，我的一个姐姐说她晚上在照看弟弟妹妹，但其实她出去约会了，结果父亲打了她一顿，一边打一边喊："不许骗我！"父亲的暴力行径的确让我们害怕撒谎，但是我们其实很清楚，他也会撒谎。他最擅长的撒谎方法就是拒绝交流，被问到不想回答的问题时，他的格言是"保持沉默"，这样就不会给别人留下说谎的把柄。

我爱过的男人总是用撒谎的方法来避免对抗或为不当行为承担责任。多萝西·迪纳斯坦（Dorothy Dinnerstein）在其开创性著作《美人鱼和牛头怪：性安排和人类不适》（*The Mermaid and the Minotaur: Sexual Arrangements and Human Malaise*）中，分享了这样的见解：当一个小男孩得知，他强大的、可以控制他的生活的母亲，在父权制中却没有权力时，他会感到困惑并导致愤怒。于是说谎成为他"不听话"的一种策略，使他能够操纵母亲，暴露出她缺乏权力的事实，也可以让他觉得自己更有权力。

男性学习说谎是为了获得权力，而女性说谎是为了假装自己没有权力。哈里特·勒纳在其作品中谈到，父权制支持欺骗，鼓励男性和女性向对方展示虚假的自我。在多莉·霍兰德（Dory Hollander）的《男人告诉女人的101个谎言》（*101 Lies Men Tell Women*）中，她发现虽然女性和男性都会说谎，但数据和其他人的研究结果都表明"男人往往撒谎更多，后果也更严重"。对于许多年轻男性来说，以权力凌驾他人的最早体验来自对更有权力的成年人撒谎并且没有被发现的快感。很多男性向我表示，如果说实话会伤害到他们所爱的人，那他们就很难开口。许多男孩为了避免伤害母亲而学会撒谎,但撒谎的行为却演变成了习惯,以至于他们到最后很难区分谎言和真实。这种行为会延续到他们成人后。

有的男性在工作场所从不撒谎,而在亲密关系中却满嘴谎话,那些认为女性都是很容易被骗的男性尤其如此。许多男人承认他们说谎是因为他们可以逃脱处罚,他们的谎言可以得到原谅。男性说谎在我们的社会中更容易被接受,要理解这一点,我们就必须知道,男性是如何仅仅因为他们是男权文化中的男性就被赋予了权力和特权的。"像个男人样"和"做真正的男人"这样的概念一直暗示着,男性在必要的时候可以采取违反规则、凌驾于法律之上的行动。父权制每天通过电影、电视和杂志告诉我们,有权势的人可以为所欲为,有了这样的自由他们才算男人。男性接收到的信息是这样的:说真话就意味着软弱,而不诚实和不顾后果则使男性变得强悍,令他们成长。

约翰·斯托尔滕贝格(John Stoltenberg)在其著作《男子气概的终结:良知之人的书》(*The End of Manhood: A Book for Men of Conscience*)中对男性身份进行了分析,他发现在男权文化中,理想的男性形象是要求所有男性创建并维护虚假的自我。从小男孩就被教导,受伤了也不该喊疼,不能随便哭,更不能表达孤独或痛苦,他们必须坚强。这样的教导让他们开始学习如何掩饰真实的感受，甚至学习如何拒绝任何感受。这些教导通常由其他男性和有性别歧视的母亲教给男孩。在最进步、最有爱心的家庭中长大的男孩，虽然父母鼓励他们表达情感，但在操场上、教室里、参加运动或看电视时，他们还是会学习另一套对男子气概和感受的理解，他们最终还是可能会选择接受父权制的男子气概，来换取被其他男孩接受和男性权威人物的肯定。

维克多·塞德勒（Victor Seidler）在《重新发现男子气概》（*Rediscovering Masculinity*）中强调："我们在少年时代学习使用语言时，就很快学会了如何通过语言来隐藏自己。我们'掌握'语言，以便控制我们周围的世界。即使我们将人际关系中的不快乐和痛苦归咎于他人，但当我们意识到自己的感受是多么淡漠时，那种痛苦也让我们在某种程度上了解到自己的男性气概已经受到了限制和伤害。"淡漠的男性更容易撒谎，因为他们经常处于一种恍惚状态，还在利用作为男孩时学到的坚持男子气概的生存策略。无法与他人产生联系，也就意味着无法承担造成痛苦的责任。例如，某些男性会对比他弱小的人（一般是女性）使用极端的暴力手段，然后会暗示他们才是真正受到女性伤害的人，通过这样的方式来"正当化"自己的行为。

不管男性如何掩盖自我，许多男人在内心深处都明白自己是无爱的受害者。和大家一样，他们在孩提时代就相信爱会存在于他们的生活中。尽管很多男孩被教导要表现得好像爱对他们不重要，但在内心深处，他们也渴望爱，而且这种渴望不会因为他们长大而消失。说谎，作为淘气的一种表现，是他们对没能兑现的爱的承诺的持续性愤怒表达。为了拥抱父权制，他们必须主动放弃对爱的渴望。

父权制下的男性气概要求男孩和男人不仅认为自己比女性更强大、更优越，而且还要求他们不惜一切代价保持自己的控制地位，这也是为什么男性比女性更喜欢使用谎言在人际关系中获取权力的原因。在父权制文化中，一个普遍接受的假设是，爱可以在个人或群体对他人的统治中存在。许多人相信，男人可以带着爱支配女人和孩子。精神分析师卡尔·荣格（Carl Jung）深刻地强调了"权力意志至高无上之处，爱必将缺乏"这一真理。任何一个种族和阶层的女性群体和男性的关系总会伴随着权力意志，尤其是男性如何使用包括隐瞒信息在内的谎言来达到控制和使女性服从的目的。

在女权运动的早期，女性宣称男性占据更高的地位，因为他们通常控制着财务。现在女性的收入已经大大增加（虽然仍不能与男性相提并论），女性在经济上更加独立，男性要继续保持主导地位就必须采用更微妙的策略来掌控和剥夺女性的权力。即使是最富有的职业女性，也可能因为渴望被爱而陷入充满谎言的男女关系中，进而被"击倒"。她越是信任她的男性伴侣，撒谎和其他形式的背叛就越能够破坏她的自信和自尊。

始终忠实于"男性统治"这一想法的男性（即使不是大多数，也有很多）会"以任何必要的方式"保持对女性的支配地位。虽然在文化上，我们对家庭暴力给予了很多关注，并且大家都同意男人用打女人的方式让女性顺服是错误的，但大多数男人会通过建立内心恐惧的手段使女人服从于他。这是胁迫的一种形式，而谎言则是这个武器库中最强大的武器之一。男人为了维持对女人的权力，会用谎言呈现出虚假的自我，但这样做的代价便是失去给予和接受爱的能力。信任是亲密关系的基础，当谎言侵蚀信任时，就无法建立真正的联系。虽然支配他人的男人仍然可以体验到持续的关怀，但他们在自己和爱的体验之间设置了障碍。

所有挑战男性统治的有远见的男性思想家都认为，只有拒绝支配，男性才能重新回归爱。在《男子气概的终结：良知之人的书》中，斯托尔滕贝格不断强调，"只有通过爱的公正，人们才能实现真实的自我"。他断言："人与人之间的公正，是人们可以拥有的最重要的联系。"为自己和他人保持爱的公正使男人能够打破父权制的束缚。在题为"我们如何才能与生活中的女性建立更好的关系"一章中，斯托尔滕贝格写道："如果一个男人十分在意其他男性的男子气概，那么他和女性之间就不会存在爱的正义。当一个男人决定爱男子气概多过公正时，他与女人的所有关系都会产生可预见的后果……做一个有良知的男性，就意味着把对所爱之人的忠诚放在首位，超越其他男人对自己男子气概的评价。"当男人和女人忠于自己和他人时，当我们热爱公正时，我们就会充分理解说谎是如何阻碍了爱，减少和侵蚀了有意义的、充满关怀的联系。

由于男性的价值观通常决定着我们文化中的行为标准，因此对谎言的宽容也就成了父权制思想方式的重要组成部分。男人绝不是唯一使用谎言来获得凌驾于他人权力的群体，父权制的男性气质让男性与自我疏远，那么接受父权制女性气质的女性也同样如此，坚持认为女性应该表现得软弱、愚蠢、无法理性思考，她们也戴着社会化的谎言面具。这是勒纳《谎言之舞》的主题之一，她在书中以精明的洞察力呼吁女性为我们参与伪装和谎言的社会结构负责——尤其是在家庭生活中。女人通常很乐意向男人撒谎来对他们进行操纵，并以此获得她们自己想要的或应得的东西。她们可能会撒谎来维护男性的自尊，比如假装感受到并不存在的情感，或是假装脆弱和被需要。

女性一般是从其他女性那里学习到用谎言操纵男性的方法的，比如当一名女性表现出想生宝宝的愿望时，她的谎言可能会受到其他女性的支持和鼓励。我曾经渴望生孩子，但我的伴侣还没有准备好，当时有很多女性鼓励我无视他的感受，在不告诉他的情况下偷偷怀孕，这让我倍感震惊，因为她们的行为是在剥夺一个孩子被父母共同期待的权利，而她们却不认为这有什么问题。（如果女性怀上的是捐精者的孩子，那就不存在一个拒绝孩子的男性家长，因而也就不涉及欺骗。）让我感到不安的是，我尊重的诸多女性都不认为养育孩子对男性和女性是同样重要的，更不相信男性需要认真地养育孩子。孩子们想知道他们的父亲是谁，并且在有能力的时候去寻找那位缺失的父亲，这是我们世界的客观事实。把一个孩子带到这个世界上，而孩子的父亲却因为不想要孩子而拒绝他或她，这是不可想象的。

我成长在20世纪50年代，那时还没有适当的节育措施，每个年轻女性都敏锐地意识到意外怀孕可能彻底改变她们的生活。不过很明显，当时有些女孩希望怀孕能在情感上将男性与她们永远联系在一起。我还以为那些日子早就一去不复返了，然而即使在这个两性平等的时代，我也听到过这样的故事：当两人关系不稳定时，女性故意怀孕，以迫使男性继续和她在一起生活或是结婚。有很多男人在女人生下他们的孩子后会对她非常依赖。虽然在这样的例子中，女性对男性的欺骗和操纵是基于生物学的联结，但这并不意味着它是正确或公正的。甘愿被欺骗和操纵的男人不仅放弃了自己的权力，而且还创造了一种可以"责备"女性或为自己仇恨女性辩护的局面。

## 三 诚实：待爱以真诚

在勒纳记述的另一个案例中，我们可以看到谎言被用来获得凌驾于他人之上的权力，使他们违背自己的意愿。他提醒读者，诚实只是说真话的一个方面，除此之外说真话还包含了"道德卓越——没有欺骗或诡计"。父权制下"女性气质"的面具常常使女性的欺骗行为被视为是可以接受的，然而当女性撒谎时，我们却更容易联想到由来已久的性别歧视的刻板印象，即女性天生就缺乏说真话的能力。这种性别歧视的刻板印象的起源可以追溯到亚当和夏娃的古老故事，夏娃甚至愿意对上帝撒谎。

不论男女，人们通常都以保护隐私为借口而隐瞒信息，然而在我们的文化中，隐私常常与秘密相混淆。开放、诚实、讲真话的人重视隐私。我们都需要独自思考和感受自我的个人空间——在那里我们可以保持健康的心理自主权，只在自己想说话的时候才和他人分享。而保守秘密则是对信息的隐藏，通常关乎权力。许多心理康复课程都会强调，"秘密越深，痛苦越大"。我的一位前男友的姐姐曾与我分享过一个关于家庭伦理的秘密，我的前男友对此并不知情，我要求她立刻告诉他真相，否则我会亲自告诉他。如果我对他保密，那就等于违反了我们作为伴侣对彼此坦诚相待的承诺，会变得和他的母亲及姐姐一样，助长他家庭的功能失调。而对他坦诚，则是对我忠诚的兑现，也是对他面对现实的能力的尊重。

隐私会加强人与人之间的关系，而保密会削弱和破坏关系。勒纳指出，在真相被披露之前，人们通常不会"知道保守秘密的情感成本"。要保密就要说谎，而谎言正是滋养背叛的土壤。

我们的文化对谎言持普遍的接受态度，这是我们许多人永远都学不会爱的主要原因。如果一个人连自身的存在和身份都被秘密和谎言所笼罩，那么他就不可能培育自身或者他人的心灵成长。只有在不存在欺瞒的前提下，我们才能相信另一个人是真心对我们好，才能拥有实践爱的核心基础。明白了这一真理，所有看似明智的隐瞒行为也就都成了重大的道德困境。我们的社会比以往任何时候都更需要重申对说真话的承诺，然而如果人们认为说谎比说实话更容易接受，那这样的承诺是很难达成的。说谎已成为公认的常态，以至于即便说真话更简单，人们还是会说谎。几乎所有心理健康护理从业者，从博学的精神分析师到未经训练的自助专家，都告诉我们说真话会让自己变得更充实、更清醒，但我们大多数人却仍不愿如此。我致力于在日常生活中做一个诚实的人，但即便只是诚实地谈论一些很简单的事情，我也经常被视为说实话的"怪胎"。如果朋友送我礼物并问我喜不喜欢，我会诚实而明智地回应，也就是说，我会以积极而关怀的态度说真话。即使在这种情况下，要求诚实回答的人在得到诚实的回答后也常常会表达不满。

当今世界告诉我们要害怕真相，相信真相会带来伤害，让我们认为诚实的人是天真的，是潜在的失败者。文化宣传向我们灌输谎言更重要、真相无关紧要的观念，我们都是它的受害者。消费文化尤其鼓励说谎。广告是最支持说谎的文化媒介之一，因为让人们处于持续的匮乏和永恒的欲望状态中会有利于经济发展。无爱是消费主义的福音，谎言成就了掠夺性广告的世界。我们被动地通过大众媒体接受的公共生活中的谎言，在我们的私人生活中延续开来。如果我们可以在公共生活中坚持讲真话的开放态度，小报新闻就没有话题可以曝光。对爱的承诺可以保护我们，让我们坚持真理的生活，在私人和公共生活中公开和充分地分享我们自己。

要了解爱，我们就必须对自己和他人诚实。用虚假的面具来掩盖恐惧和不安全感已经变得如此普遍，以至于我们中的许多人忘记了伪装下的真实的自我和真实的感受。打破这种否认是迈向诚实的第一步。谎言和秘密给我们带来负担和压力，一个总是撒谎的人，其实是意识不到说实话是可以减轻这种负担的。只有停止撒谎，才能感受到这一点。

女权主义刚刚兴起时，我们公开表示希望更好地了解男性，爱他们的真实面貌，也希望男性可以爱我们自己的真实面貌（即以我们自己真实的身体和精神状态被爱，而不是把自己变成一个男性幻想的自我）。我们敦促男人忠于自己、表达自己,然而当男人开始表达他们的真实想法和感受时,一些女人却无法接受,她们仍旧希望回到原来的谎言和伪装中去。20世纪70年代的时候有这样一张明信片,画着一位女士在问一个巫婆,卡片正面上女士说:"我丈夫从不表达自己的感受。"明信片里面的回复是:"明年新年下午两点,男人会开始谈论他们的感受。两点零五分,全美国的女性都会后悔。"如果我们了解到另一个人的想法、信念和感受,我们就更难将针对男性的固有观念投射到他们身上,他们也更难被操纵。许多女性发现,男性告诉我们的话与我们对他们的期望和幻想不符,这就让我们很难接受他们的说法。

男性的内心是一个受伤的男孩,当他第一次说出真相时,让控制欲强大的父母、让一个不想让他说出真实感受的父权世界沉默了。女性的内心是一个受伤的女孩,她从小就被教育必须成为另外一个人,否认自己的真实感受,这样才能吸引和取悦他人。男人和女人因为说实话而互相惩罚,强化了谎言更好的观念。为了爱,我们必须愿意倾听真实的彼此,肯定真话的价值。谎言让人们自我感觉良好,但不能帮助人们了解爱。

# 四

# 忠诚：
# 爱存我心

承诺是任何真正爱的关系的固有特质。任何真正关心他人心灵成长的人都会自觉或本能地知道，只有构建一种恒常持久的关系，他或她才能显著地促进这种成长。

——M. 斯科特·派克（M.Scott Peck）

## 四　忠诚：爱存我心

讲真话是开放和诚实的基础，而开放和诚实是爱的核心。当我们能够直视并接受真实的自己时，我们就为自爱奠定了必要的基础。我们都听过一句格言："如果你不爱自己，那么你也无法爱别人。"这话听上去挺有道理，然而人们又往往对它似懂非懂。之所以出现这种困惑，是因为大多数人认为自己不可爱的观念，都是在不受自身控制的外力所影响的社会化进程中形成的。我们不是天生就知道如何去爱，无论是爱我们自己还是爱其他人。然而，我们生来就能够对关怀做出反应。随着我们的成长，我们可以给予和接受关注、爱意和喜悦。我们能否学会爱自己和他人，取决于我们是否成长在爱的环境中。

自爱是不能在孤立中形成的。自爱并不是一件容易的事，让自爱听起来容易的简单格言并不能帮助我们自爱，因为很多人看到这样的格言后会有这样的疑问："如果自爱这么容易，那我为什么还是会感到自卑或自我憎恨呢？"爱的定义告诉我们，爱是我们为自己或他人的心灵成长而采取的行动，这便是自爱的初始蓝图。应当将爱视为信任、承诺、关怀、尊重、知识和责任的结合，努力发展这些品质；而如果我们已经拥有了这些品质，那么就可以学着将它们扩展到我们自己身上。

许多人发现，批判性地审视过去，尤其是童年，有助于追溯"自己不值得、不够好、疯狂、愚蠢、可怕"等信息的内化过程。仅仅了解我们的无价值感的源头在哪里，通常不能改变什么，因为它只是第一步。我和许多人一样，发现回顾童年时期学到的消极思维和行为模式，尤其是那些塑造自我和身份意识的模式，对了解我自己是很有用的。然而只靠这种对过去的回顾远远不足以确保自我恢复。我强调这一点是因为我们很容易停留在简单的描述上，一遍又一遍地讲过去的故事，这事实上只是沉湎于对过去的哀悼和对他人的指责。

虽然了解到我们的自卑从何而来很重要，但其实也可以绕过这个（确定我们何时何地接受了负面社会化的影响）阶段并仍然可以为建立自爱奠定基础。绕过这个阶段的人往往会进入下一个阶段，将建设性的、肯定生命的思维模式和行为引入我们的生活。是否记得被虐待的细节并不重要。如果受到虐待的确造成了自我的无价值感，他们仍然可以通过寻找和肯定自我价值的方法来进行自我恢复。

受伤的心首先要克服自卑，才能学会自爱。纳撒尼尔·布兰登（Nathaniel Branden）的长篇著作《自尊的六大支柱》（*The Six Pillars of Self-Esteem*）强调了自尊的几个重要维度：

"有意识地生活、自我接受、自我负责、自我肯定、有目的地生活和个人诚信的实践。"有意识地生活意味着我们要批判性地思考自己和世界,敢于向自己提出基本问题:谁、什么、何时、何地、为什么。回答这些问题通常会加深我们的认识,并对我们有所启发。布兰登认为:"有意识地生活意味着,尽我们的所有能力去了解我们的行动、目的、价值观和目标,并遵照所见和所知来行动。"为了有意识地生活,我们必须批判性地反思身边最亲密的世界。

不接受自己的人通常是通过反思来停止倾听来自内心和外界的不断拒绝和贬低他们的消极声音的。对任何努力接受自我的人来说,"肯定"的话语都是很有效的。尽管多年来我一直对治愈和自助的心理治疗方式感兴趣,但在我看来,肯定也是有点老套的。我姐姐当时是药物依赖治疗师,她鼓励我尝试肯定,看看是否会发生任何具体的变化。于是我写下了一些和我日常生活相关的肯定句,并在每天早上日常冥想时朗诵它们。其中第一句就是:"我正在打破旧有模式,我的生活将要迈向新的篇章。"结果我发现,它们的确给我带来了巨大的能量提升——通过强调积极的事物为一整天注入能量——而如果我陷入压力或消极思维的深渊,重复默念这些话也可以帮助我恢复情绪的平衡。

对许多人来说,接纳自己是十分困难的。我们的内心有一个声音在无休止地进行负面评判，首先是评判我们自己，然后是其他人。因为我们在内心中已经认为消极的想法是更现实的，所以它看起来比任何积极的声音都更真实。而一旦我们开始用积极思考取代消极思考，就会明白，消极思考远非现实，反而会令我们失能。保持积极思维，我们不仅能接受和肯定自己，还能肯定和接受他人。

我们越接受自己，就越能在生活中的各个方面承担责任。布兰登将自我负责称为自尊的第三个支柱，它的定义是：为我的行为和实现我的目标承担责任的意愿……其目的是为我的生活和幸福。承担责任并不意味着否认制度化不公正的存在，比如种族主义、性别歧视和恐同症都会在人群中制造障碍，并导致具体的歧视行为。单纯的承担责任并不能防止歧视的发生，但是我们可以选择如何应对这种不公正的行为。承担责任意味着，即便面对障碍，我们仍然有能力创造我们的生活、提升我们的幸福、塑造我们的命运。我们每天都用这种灵活的转换来应对我们无法轻易改变的现实。

许多男性不支持妻子在结婚后继续接受教育，这些妻子中的大多数也并没有离开丈夫，而是采取了建设性的抵抗策略。一位与我交谈过的女性曾说，她想继续学业，获得高等文凭，然后重新进入劳动力市场，然而她的丈夫在一家工厂工作，她对获得比丈夫更高的学历感到很不舒服，所以郁郁寡欢。而最终，她选择对自己的需求和愿望负责，而且她相信这也能增进她和家人的幸福。重返工作岗位增强了她的自尊心，并化解了由于孤立和停滞不前而形成的被动攻击性愤怒和抑郁。做出这个决定并找到实现它的方法并不是一个简单的过程。这位女士不再做全职主妇后，她的丈夫和孩子们需要分担更多的家务，他们经常对此感到不满。不过从长远来看，她家庭中的每个人都受益了。毋庸置疑，这些变化提升了她的自尊心，她的自爱以建设性的方式将自己扩展到他人身上，结果她更快乐了，她周围的人也更快乐了。

为了做出这些改变，她用到了自尊的另一个重要方面，即"自我肯定"，布兰登将其定义为"支持自己、公开做自己、在所有人际交往中尊重自己的意愿"。由于许多人在童年时期都在原生家庭或学校中受到过羞辱，因此我们最常采取的行为准则是随波逐流，并希望以此来避免冲突，而不是坚持自我。儿童时期的冲突往往意味着被贬低和羞辱，在这种情况下，即使坚持自我肯定，也无法有效地为自己辩护。于是许多人都学会了顺从，以减少受到攻击的可能性。

性别歧视的社会化过程让女性认为，自我肯定是对女性气质的威胁，而正是这种错误的逻辑为自卑打下了基础。对自我肯定的恐惧通常出现在"乖孩子"或"孝顺女儿"身上。在我小时候，我哥哥从未因为和父母顶嘴而受到惩罚，他坚持自己的观点是男子气概的表现。而当我的姐妹和我表达意见时,长辈却告诉我们这是不好的行为。家长们,尤其是我父亲,告诉我女性的自我肯定是不符合女性气质的。不过我们并没有听从这些警告,虽然我们家重男轻女,但女性的数量远远超过我父亲和我哥哥这两个男性,所以我们可以安全地说出自己的想法,并进行反击。幸运的是,当我们还年轻的时候,女权主义运动兴起了,并证实了进行自我表达和自我肯定是建立自尊的必要条件。

传统上,女性比男性更喜欢八卦的一个原因是,八卦是一种社交互动,在这里女性可以轻松地说出自己的真实想法和感受。在一般社交场合,女性通常不会说出她们的真实想法,而是说出她们认为会取悦他人的话。之后她们则会进行八卦,说出当时的真实想法。如果我们培养积极的自尊,这种为了取悦他人而造成的虚假自我和真实自我之间的分裂就不存在了。

女权运动真正地帮助女性了解了通过积极的自我肯定获得的个人力量。格洛丽亚·斯泰纳姆(Gloria Steinem)的畅销书《内在革命》(*Revolution from Within*)告诫女性,如果不为自爱和自尊做好必要的基础工作,即便取得成功也很危险,有些女性事业有成,但她们对自身的憎恨反而破坏了自己的成功形象。而如果这种自我憎恨没有表现出来,那她可能过的是一种充满绝望的生活,因为她无法告诉别人,成功的生活并没有能够弥补残缺的自尊心。更复杂的是，女性可能会假装她们是自爱的，向外界宣扬自信和权力，因此她们会感到心理上的矛盾和与真实存在的脱节。她们羞于让任何人了解她们的真实自我，害怕被揭穿，因此更可能会选择孤独的生活。

男人也是如此。当有权势的男人在职业生涯中达到个人成就的顶峰时，他们往往会进行自我毁灭的行为，破坏自己的成就。这样的现象在美国各个社会阶层的男性中都屡见不鲜。克林顿在他的民众好感度达到历史最高水平时从事了欺骗行为，背叛了他对家庭的个人承诺，以及他对这个国家的人民成为美国价值观典范的政治承诺。他一生中的大部分时间都在克服困难取得成功，但他的行为暴露了他自尊的根本缺陷。他是一名白人男性，受过常春藤盟校教育，经济富裕，享有特权，尽管拥有如此多的优势，但他不负责任的行为却向世界揭露了他并不是他所假装的"好人"。他为公开羞辱创造了环境，这无疑反映了他在童年时遭到的羞辱，当时某个代表权威的人物让他觉得，无论他自己做什么，都永远一文不值。任何自卑的人都可以从他的例子中看到，如果我们不去面对和改变源于蔑视和仇恨的自卑，即便我们取得成功，也会在前进的道路上步履蹒跚。

"有目的地生活"是自尊的六要素之一，这绝非偶然。根据布兰登的说法，有目的地生活意味着有意识地创造目标，确定实现目标所必需的行动，确保我们的行为与我们的目标保持一致，并保证结果与目标相符。大多数人都认为选择工作和有目的地生活十分相关，然而不幸的是，许多工人觉得他们在工作方面几乎没有选择的自由。大多数人在成长过程中并没有了解到我们选择做的工作会对我们自爱的能力产生重大影响。

工作占据了我们大部分时间，做讨厌的工作会伤害我们的自尊和自信，然而大多数工人是无法从事他们喜欢的工作的。不过，我们仍然可以通过全身心地投入到工作中来体验满足感，来提高我们有目的地生活的能力。我曾有一份十分讨厌的教学工作（与其做这份工作我宁愿生病在家），让我能减轻痛苦的唯一方法就是尽我所能地全身心投入其中，这样我就能够有目的地生活。认真地做好一件自己不喜欢的事会在内心留下幸福的感觉，同时也不会伤害自尊心。这种自尊会支撑着我们去寻找更加有成就感的工作。

在我的一生中，我不仅努力做我喜欢的工作，而且还努力与我尊重、喜欢的人一起工作。当我第一次公开宣布我希望在充满爱的环境中工作时，朋友们都以为我疯了。对他们来说，爱和工作是没有关系的。但我坚信，在一个由爱的伦理塑造的工作环境中，我会工作得更好。今天，随着佛教"正命"概念得到更广泛的传播，越来越多的人开始相信，工作可以提升我们的精神福祉，增强我们爱的能力。要创造一个充满爱的工作环境，首先要带着爱去工作。每当我走进一间办公室，我能立即通过整体氛围和情绪了解到，这里的员工是不是喜欢他们的工作。玛莎·欣塔（Marsha Sinetar）在她的著作《心之所向，财之所往》（*Do What You Love, the Money Will Follow*）中提到了"正命"的概念，以此鼓励读者冒险选择他们关心且喜欢的工作，从而通过体验来学习正命的意义。

尽管欣塔的书中有许多真知灼见，然而做着自己喜欢的工作却不赚钱，也是完全有可能的。尽管这令人十分失望，但它也可以让我们体会到，做自己喜欢做的事可能比赚钱更重要。就和我的情况一样，我不得不从事一份令我不十分愉悦的工作，以便有能力去做我喜欢的工作。我的工作履历十分多样，有一阵我甚至在俱乐部做过厨师。我讨厌那里的噪声和油烟，但是上夜班让我可以在白天自由地写作，去做我真正想做的工作。每一种体验都提升了另一种体验的价值。我的夜间工作帮助我享受白天的宁静，享受对写作十分重要的独处时光。

只要有可能，最好找我们喜欢的工作，避免从事我们讨厌的工作，但有时候必须做过讨厌的工作才能知道要怎么避免它。能够在经济上自给自足做自己喜欢做的事的人是有福的，他们的经历是我们所有人的灯塔，向我们展示了正命可以增强自爱，确保我们在工作之外的生活中能够获得和平与满足。工人们通常认为，如果他们的家庭生活幸福，那么即便他们在工作中受到不人道的待遇和被剥削也没有关系。但是许多工作都会伤害自爱，因为它们要求工人不断证明自己的价值，而对工作不满意和痛苦的人会把这种负能量带回家。家庭生活中的大部分暴力行为，包括身体和语言虐待，都显然与工作痛苦有关。我们可以通过支持鼓励朋友和亲人离开有损幸福的工作来让他们获得更多的自爱。

脱离了有偿劳动的人、在家中从事无偿工作的女性和男性，以及所有其他快乐的失业者，通常都在做他们想做的事情。虽然他们没有以获得收入作为回报，但他们在日常生活中往往会比在压力大、缺乏人性的环境中从事高薪工作获得更多的满足感。满意的顾家者，无论是家庭主妇还是为数不多的家庭主夫，都彰显着自决带来的快乐。他们是自己的老板，自己为自己制定劳动条件和报酬标准。他们比我们任何人都拥有发展正命的自由。

大多数人在年轻时都不知道，我们的自爱能力会受到所做工作的影响，以及工作能否增强我们的幸福感。难怪我们的国家已经成为一个让这么多工人感到难过的地方，工作压抑了精神，它不再能提升自尊心，反而被视为一种拖累，一种负面的必需品。将爱带入工作环境则可以带来转变，让任何一名工作者都能表现出最好的自己，无论他做的事有多卑微。带着爱工作，我们会让精神焕然一新，这正是一种自爱，它滋养我们的成长。重要的不是做什么，而是怎么做。

在《针织经》（*The Knitting Sutra*）中，苏珊·莱登（Susan Lydon）将针织劳动描述为一种自由选择的劳作，可以增强她对正命价值的认识。她写道："我在这个小小的针织世界中发现的是无穷，它比任何人想象的都广泛、深入。它可以无限地激发、唤起和启迪创造性的洞察力。"莱登将针织这一我们传统上认为是"女人的工作"的领域视为通过创造家庭幸福来探索神性的地方。幸福的家庭，即是爱可以蓬勃发展的家庭。

对于刚刚学会自爱的独居者来说，创造家庭幸福尤为重要。当我们有意识地努力让我们的家成为给予和接受爱的地方时，我们放在家里的每一件物品都会增强我们的幸福感。我就为我不同的家创建了不同的主题。我在城里公寓的主题是"爱的聚会场所"，因为作为一个来自小镇的人，我需要我的居家环境真正像一个避难所。由于我的一居室公寓比我原来住的地方小得多，因此，我决定只带走我真正需要的——我离不开的东西。结果令人惊讶，我留下了很多，带走的很少。我在乡下的家的主题是"沙漠"，我称之为"soledad hermosa"，意即美丽的孤独。我去那里是为了安静，体验神圣，让自己焕然一新。

本书的所有章节中，这一章是最难写的。当我与朋友和熟人谈论自爱时，我惊讶地发现有很多人对这个概念感到困扰，他们认为自爱就意味着自恋和自私。我们都需要摆脱关于自爱的这种错误理解，停止将其等同于以自我为中心和自私的可怕认识。

自爱是爱的修行的基础，没有它，我们其他的爱的努力也不会成功。自爱就是为我们的内在提供机会，获得我们一直渴望从别人那里得到的无条件的爱。与他人互动时，我们给予和接受的爱总是有条件的。虽然并非不可能，但给予他人无条件的爱总是非常困难和罕见的，这主要是因为我们无法控制他人的行为，也无法预测或完全控制自己对他人行为的反应。然而，我们可以控制自己的行为，我们可以给予自己无条件的爱，这是接受和肯定的基础。当我们将这份珍贵的礼物送给自己时，我们就能够以满足而不是缺乏的姿态接触他人。

自爱的最好的方法之一就是，给予自己我们经常幻想从他人那里得到的爱。曾经有一段时间，我对自己四十多岁的身体很不满，不是认为自己太胖了，就是觉得自己这里那里不够好。然而，我却幻想着找到一个爱着现在的我的爱人。现在回想起来这很愚蠢，因为我竟然梦想着别人会给予我自己一直拒绝给予自己的接受和肯定。在这一刻，"如果你不能爱自己，你就永远不会爱任何人"这句格言变得非常有道理。我会在它后面补充一句："不要期望从别人那里得到你没有给予自己的爱。"

在一个理想的世界里，我们应该在童年时期就学会爱自己，学会成长，在我们的自我认同和自我价值上有安全感，这样无论我们走到哪里，爱都会如影随形，让我们光芒闪耀。就算如果我们年轻时没有学会自爱，希望也还是有的，因为爱的光芒永远在我们心中，无论火焰多么寒冷。它一直存在，等待火花点燃，等待心灵觉醒，唤醒我们回到最初的记忆，在黑暗的地方等待出生——等待见到光。

# 五

# 灵性:
# 神圣之爱

然而,作为一个女人和一个情人,我被我心爱的人所感动。他在哪里,我就想在哪里。他所受的苦,我想分享。我想成为他:为爱被钉上十字架。

——圣大德肋撒(Saint Teresa Of Avila)

## 五 灵性：神圣之爱

与精神连通的生活让我们看到所有生命中的爱之光，那光是一种复活的生命力，已经失去爱的文化只有通过灵性的觉醒才能复活。从表面上看，我所生活的国家在世俗个人主义的道路上已走得太远，崇拜金钱和权力这两尊神，没有灵性生活的空间。然而绝大多数有信仰的传统的美国人显然认为，灵性生活至关重要。美国生活的危机似乎并不是因为对灵性缺乏兴趣，而是因为这种兴趣不断被物质主义和享乐主义的强大力量所影响。

精神分析学家埃里希·弗洛姆在20世纪50年代中期创作出了富有洞察力的著作《爱的艺术》(*The Art of Loving*)，其内容到今天仍和我们息息相关。在书的结论中，他勇敢地呼吁大家关注这样一个现实：资本主义社会的基本原则和爱是不相容的。他大声疾呼："我们的社会被官僚管理机构和职业政治家所控制；人们受到大众文化的影响，他们的目标是越来越多的生产和消费，以至于生产和消费成了目的本身。"对无休止消费的过分强调让人们注意不到精神的饥饿。我们被无休止的信息轰炸，这些信息告诉我们每一个需求都可以通过物质来满足。艺术家芭芭拉·克鲁格（Barbara Kruger）创作了一部宣称"我购故我在"的作品，以展示消费主义如何接管大众意识，让人们认为它们就是自己所拥有的东西。随着占有欲增强，精神空虚感也随之增强，又因为精神上是空虚的，所以我们又试图用消费来填补。我们或许没有足够的爱，但我们总是可以购物。

我们的精神饥饿源于对生活中情感缺乏的敏锐认识，它是对无爱的一种回应。去教堂或寺庙并不能满足这种从我们灵魂深处浮现出来的饥饿感。有组织的宗教做不到这一点，因为它适应了世俗需求，以维护生产为中心的商品文化价值观的方式来解释灵性生活。传统的基督教会如此，"新时期"灵性①也是如此。许多著名的灵性导师将他们的教义与日常生活的形而上学联系起来，赞美财富、特权和权力的美德，这绝非偶然。例如，根据新时代的逻辑，是穷人自己选择了贫穷，选择了自己的苦难。这种想法使所有享有特权的人免于承担责任。与其呼吁我们拥抱爱和更大的社区，实际上更应该对自己内部异化和疏远的逻辑进行调查。

---

① "新时期"（New Age）灵性是西方20世纪七八十年代兴起的一种去中心化的宗教和灵性运动。它涵盖的范围非常广，不仅吸收了多种宗教的元素，还包含环保、神秘学、替代疗法等内容。

## 五　灵性：神圣之爱

难怪这么多声称相信宗教教义的人的生活习惯却严重背离了自己的信仰。例如，基督教会仍然是我们社会中种族隔离最严重的机构之一。在马丁·路德·金（Martin Luther King, Jr.）写给美国基督徒的信中，他以圣经使徒保罗的名义规劝了支持种族隔离的信徒："美国人，我必须敦促你们摆脱种族隔离的方方面面。隔离是对我们在基督里的合一的公然否认，它用'我—它'的关系代替'我—你'的关系，把人降格为物的地位。它伤了灵魂，降低了人格。……它摧毁了社区，使兄弟情谊变得不可能。"有组织的宗教崇拜会腐蚀和违反关于我们在世界上应该如何生活以及我们应该如何对待彼此的宗教原则，马丁·路德·金所说的只是一个例子。想象一下，如果所有自称是基督徒或自称有宗教信仰的人都以爱心为每个人树立榜样，那么我们的生活会有多么不同。

如果我们没有以反文化的方式表达对灵性觉醒的真正关注，那么公然滥用灵性和宗教信仰只会让我们对灵性生活感到绝望。比如为全球有需要的人提供食物和住所的许多基督教组织，这些爱的实践体现都让我们重燃希望，治愈灵魂。世界各地的解放神学为被剥削和被压迫的人提供了一种精神自由的愿景，为结束统治而斗争。

在弗洛姆首次出版《爱的艺术》十多年后，马丁·路德·金的布道集《爱的力量》（*Strength to Love*）也出版了。他布道的重心是将爱视作一种团结和束缚所有生命的灵性力量，与弗洛姆早期的作品一样，他的演讲倡导灵性生活，批判资本主义、物质主义以及用于强迫剥削和非人化的暴力。在1967年一场反对战争的演讲中，他宣称："当我谈到爱时，我并不是在说某种感伤和软弱的反应。我说的是一种力量，所有伟大的宗教都将其视为生命的最高统一原则。爱是打开通往终极现实之门的钥匙。这种信仰是关乎终极现实的，圣约翰在他的第一封书信中对它进行了优美的总结：'让我们彼此相爱，因为爱是上帝，每个爱的人都是上帝所生，并且认识上帝。'"马丁·路德·金是一位爱的先知，终其一生都如此。在20世纪70年代后期，当灵性不再流行时，我开始经常关注他和托马斯·默顿（Thomas Merton）的工作。作为宗教寻求者和思想家，两人都将注意力集中在爱的实践上，将其作为灵性实现的一种手段。

默顿在他的文章《爱与需要》（*Love and Need*）中颂扬了爱的变革力量："爱，实际上是生命的强化，是生命的全部、圆满、完整。生命向上攀爬到顶峰，价值和意义的最高点，在这个点上，所有潜在的创造可能性都将付诸行动，人在与他人的相遇、反应和交流中超越了自己。我们正是为了这种联系和自我超越才来到这个世界的。除非我们在爱中彼此奉献，否则我们不会成为完整的人。"弗洛姆、马丁·路德·金和默顿提供的关于爱的教导与今天的大部分作品都不同。他们的作品总是强调爱是一种积极的力量，应该引导我们与世界进行更大的联系。在他们的著作中，爱的实践的目的不是简单地给予个人更大的生活满足，而是结束统治和压迫。在今天的文字中，这种重要的对爱的政治化讨论往往是缺失的。

我很喜欢关于爱的新时代理论，但却常常为这种关于灵性的话语中的危险自恋倾向所震惊。这种理论非常关注个人的自我提升，却很少关注社区背景下的爱的实践。灵性被包装成了商品，和健身计划一样。虽然它可能会让消费者活得更舒服，但它会持续地影响我们与自己与他人联系的能力。帕克·帕尔默（Parker Palmer）在《积极的生活：工作、创造力和关怀的智慧》（*The Active Life：Wisdom for Work, Creativity, and Caring*）中评论积极生活的价值时写道："活得充实就意味着行动……我认为，行动是我们可以与其他生物和圣灵共同创造现实的方式……行动，就像圣礼一样，是无形灵性的有形形式，是内在力量的外在表现。当我们采取行动时，我们不仅表达了我们的内心，塑造了世界，我们也接受了我们之外的东西，并重塑了内在自我。"对灵性生活的承诺不仅仅是阅读一本好书或进行宁静的静修，它还需要有意识地练习，将我们的思维方式与行为方式统一起来。

灵性生活，首先是对尊重相互存在和相互联系原则的思考和行为方式的承诺。我口中的灵性，是指每个人都了解的、存在于我们的生命中的一个神秘之处,那里的力量超出了人类的欲望和意愿,可以指引和指导我们。还有一些人说它不可名状,对他们来说,它就只是进入我们、穿过我们的灵性本身。对灵性生活的委身必然意味着我们接受永恒的原则,即爱是一切,是所有,是我们真正的命运。尽管无爱的文化给我们造成了巨大的压力,但我们仍然会寻求了解爱,这种寻求本身就是神圣灵性的体现。威胁生命的虚无主义在当代美国文化中无处不在,无论种族、阶级、性别和国籍,它终究会影响我们所有人的生活。我认识的每个人都时常因对世界现状感到沮丧和绝望而情绪低落。无论是人为的战争、饥荒、日常生活中的暴力,还是导致亲友去世的疾病,有太多事情把人们推向绝望的边缘。懂得爱,或者希望懂得爱,就是让我们不坠入绝望之海的锚。在《心的道路》(*A Path with Heart*)中,杰克·康菲尔德分享道:"对爱的渴望和爱的运动是我们所有活动的基础。"

灵性和灵性生活赋予我们爱的力量。杰克·康菲尔德富有洞察力地解释说:"如果我们不能爱,所有其他的精神教义都是无用的。如果我们不能以最基本和最普通的方式获得快乐,如果我们的心无法相互接触,无法触及我们所赋予的生命,那么即使是最崇高的境界和最非凡的精神成就也无足轻重。重要的是,我们如何生活。"

对于许多美国人来说,第一次听到不同于在功能失调的家

## 五　灵性：神圣之爱

庭中学到的关于爱的叙事，是在教堂里。我小时候，教堂呈现给我的基督教信仰的神秘一面（相信我们都是一体的，爱就是一切）对我来说是救赎的空间。在教堂里我不仅学会了理解上帝就是爱，还知道了孩子们在圣灵的心灵和思想上是特别的。我梦想成为一名作家，将心灵生活看得高于一切，从《哥林多前书》"爱情篇章"中背诵经文让我感觉简直太棒了。从孩提时代起，我就时常想起那段话："我若能说万人的方言、天使的话语，却没有爱，我就成了鸣的锣，响的钹一般。我若有先知讲道之能，也明白各样的奥秘、各样的知识。而且有全备的信，叫我能够移山，却没有爱，我就算不得什么。我若将所有的周济穷人，又舍己身叫人焚烧，却没有爱，仍然于我无益。"当我努力完成我的博士学位、在一个不重视灵性的世界中保持对精神生活的承诺时，我又来到了这些关于爱至上的课程，它们传达的智慧让我的心不至于变得坚硬。对爱保持开放对于我在学术世界中的生存至关重要，这里的生活环境对爱并不重视，而灵性生活则为我提供了一个慰藉和更新的地方。

有一点必须强调，获得有关灵性的知识并不等于过上了灵性的生活。杰克·康菲尔德可为此做证："灵性生活的重点很简单：我们的道路必须与自己的心相连。在踏上真正的灵性之旅时，不能离家太远，要直接关注眼前的事物，确保我们的道路与我们最深的爱相连。"在日常生活中体验神圣，就会为平凡的任务带来专注和投入，振奋人的精神。神圣的灵性无处不在，在我们所面临的困难中尤其如此。很多人只有在遇到困难时才会转向灵性的思考模式，希望悲伤或痛苦会奇迹般地消失。然而只有在接受和拥抱令精神崩溃的痛苦之后，人们才会发现，痛苦也意味着内心的平静以及新的可能。我们的苦难不会像变戏法一般神奇地结束；相反，我们能够以明智的方法转化它们。这就是为什么圣经告诫我们，"落在百般试炼中，都要以为大喜乐"。让我们学会接受痛苦，就是灵性生活和实践的礼物。

灵性实践不只是与有组织的宗教联系起来才能有意义。一些人发现，他们与自然世界的交流、参与尊重生命维持生态系统的实践，也可以让他们与生命相联系。我们可以冥想、祈祷，去寺庙、教堂、清真寺，或创造一个空间。对一些人来说，每天为他人服务就是一种积极的灵性实践，一种对他人的爱的表达。当我们选择与影响我们内在和外在世界的力量保持联系时，我们就过上了灵性生活。

美国的主流文化禁忌一直以来都在保持沉默或抹杀我们对精神沟通的热情，但随着我们越来越心甘情愿地打破这些禁忌，以这种方式缓慢发生的精神觉醒将逐渐成为日常规范。在很长的一段时间里，我的许多朋友和同事都不知道我致力于灵性修行。我也不希望人们认为，我是在将这些信仰强加给他们。

五　灵性：神圣之爱

　　我的学生饱受绝望、无望感、对生活毫无意义的恐惧、深深的孤独和无爱的侵扰，注意到这一点后，我开始更公开地谈论灵性在我生活中的地位。我的学生们会来到我的办公室，告诉我他们深陷沮丧。我认为，单单倾听和同情他们的困境而不敢分享我如何面对生活中的类似问题是不负责任的。他们也常常想要我告诉他们，我是如何维持生活中的快乐的。要说实话，我就必须愿意公开谈论灵性生活，而且必须不让人们觉得，我的方法就一定是对的，是适用于所有人的。

　　我相信上帝就是爱，爱就是一切，是我们真正的命运。这样的信念支撑着我，我也通过每天的冥想和祈祷，通过沉思和服务，通过崇拜和爱的温柔来肯定这些信念。在《慈爱》（*Loving kindness*）的介绍中，莎伦·萨尔茨伯格（Sharon Salzberg）教导我们说，佛陀将修行描述为"爱之心的解脱"。她敦促我们记住，修行可以帮助我们克服孤立感，"揭示我们每个人内心的光芒四射、喜悦的心，并向世界展现这种光芒"。每个人都需要和他心灵上的需要建立联系，这种联系呼唤我们精神上的觉醒——爱。"没有爱心的，仍住在死中"。

　　所有爱的觉醒都是灵性的觉醒。

# 价值:
# 爱的伦理

人类社会终会与上帝的不同凡响的爱重新结合,我们必须为那一天而活,为那一天而工作。在模范的民主中,不存在为了权力本身而热爱权力的行为。

——玛丽安·威廉姆森(Marianne Williamson)

## 六 价值：爱的伦理

只有当我们放下对权力和支配的痴迷时，爱才能够觉醒。从文化角度来看，美国生活的所有方面——政治、宗教、工作场所、家庭、亲密关系——都可以并且应该以爱的伦理为基础。文化及其伦理的基本价值观会影响并塑造我们的行为和说话方式。爱的伦理要求每个人都有享受自由和充实而美好地生活的权利。我们的社会需要拥抱变化，如此才能将爱的伦理带入我们生活的方方面面。在《爱的艺术》的结尾，埃里希·弗洛姆肯定地说："如果爱要成为一种社会性的而非高度个人主义的边缘现象，社会就必须进行重要而彻底的改变。"选择爱的人自然会重视爱的伦理，并且会切实地改变我们的生活。为此，我们选择与我们钦佩和尊重的人合作；承诺将我们的一切都投入到与人的关系中；通过拥抱全球视野，将自己的生命和命运与地球上所有的人紧密相连。

爱的伦理为我们提供了一套不同的价值观，改变了我们的生活。在生活的大小方面，我们做出选择的基础都持有这样一种信念，即在公共和私人决策中都需要做到诚实、开放和个人诚信。我选择搬到一个小城市生活，因为这样我就可以和家人住在同一片区域，虽然小城市在文化上不如我离开的地方那么发达。我的很多朋友都有足够的钱离开家去别处生活，但他们仍然和年迈的父母住在一起以便照顾他们。遵循爱的伦理，我们会更加重视忠诚以及人和人之间的精神纽带，而不是物质。虽然工作赚钱很重要，但也比不上重视和培养人的生命和幸福重要。

在我认识的接受了爱的伦理的人中，还没有哪个人的生活没有变得快乐和充实。道德行为会剥夺生活乐趣的假设是错误的。实际上，合乎道德的生活可确保我们生活中的关系——包括与陌生人的交往——会促进我们的精神成长。如果我们行为不道德，不考虑行为会产生的后果，那就像吃垃圾食品，虽然味道可能会不错，但最终身体永远得不到足够的营养，始终处于缺乏和渴望的状态。当我们以不道德的方式行事时，我们的灵魂会感到这种缺乏，它会损害我们的精神，让我们也不把别人当人。

新时期文字作品确认了一件事，那就是接受爱的伦理可以彻底改变一个人的生活方式。然而很多此类信息只会传达到我们这些拥有阶级特权的人手中。有这样一些人，他们过着精神和物质上的双重富足生活，他们正直的人格享受着来自各行各业的良师益友的滋养；然而这些人却宣称，所有这一切幸福都不可能在其他地方实现。这些人就像是末日预言家,不停地告诉我们,种族主义永远不会结束,性别歧视将继续存在,富人永远不会分享他们的资源。但如果仔细观察他们的生活,我们就会惊讶地发现,那些他们宣称不可能实现的幸福,他们自己其实早就拥有了。然而基于资本主义影响下的幸福观念,他们真的相信财富是很有限的,因此只有少数人才能过上美好的生活。

最近在与大学生交谈时,我表达了反对种族主义、挑战和改变偏见的力量的信念——并强调说,我绝对相信我们可以改变我们的想法和行为。我尤其强调,我的信念不是植根于乌托邦式的缥缈渴望,而是基于历史事实,因为我所生活的国家就有许多为正义和自由献出生命的个人。有的大学生认为,这样的个人只是特例,我对此也表示同意,但随后我谈到了改变思维的必要性,要将自己视为可以改变的人,而不是拒绝改变的人。这些个人之所以是特例,不是因为他们比别人更聪明、更善良,而是因为他们愿意按照自己的价值观生活。

再举一个例子,如果我们挨家挨户地询问大家对家庭暴力的看法,几乎每个人都会声称他们不支持男性对女性的暴力行为,认为这是道德和伦理上的错误。然而如果再进一步,询问他们是否认同我们只能通过挑战父权制来结束男性对女性的暴力行为,换句话说即不再承认男性因生理差异而应该拥有比女性更多的权利和特权，或是男性天生就应该拥有凌驾于女性之上的权力，人们就没那么赞同了。他们声称拥有的价值观与他们的意愿之间存在着差距，以至于做不到将思想和行动、理论和实践联系起来，实现这些价值观从而创造一个更加公正的社会。

可悲的是，许多人害怕按照自己的信念行事，因为这意味着挑战保守的现状。拒绝为自己的信仰挺身而出会削弱个人以及文化的道德和伦理。难怪我们这里的大多数人，不分种族、阶层和性别，虽然声称自己有宗教信仰、相信爱的神圣力量，但却仍然无法拥抱爱的伦理并遵照它行事，尤其是如果爱的伦理意味着极端的改变。

美国的许多公民因为害怕极端的变化而背叛了自己的思想和心灵。极端的变化其实每天都在发生，而面对它们必然会导致恐惧。这些变化通常是由现状强加的，例如，革命性的新技术使我们所有人都接受了电脑。我们愿意接受这种"未知"，这表明我们都有能力进行自我调整，应对彻底变革的恐惧。显然，鼓励我们面对对爱的集体恐惧并不符合保守派基于现状的利益。在整体文化上接受爱的伦理意味着，我们会反对保守派纵容和支持的大部分公共政策。

要呼唤可以激励我们并赋予我们做出必要改变的勇气的爱的伦理，我们就必须面对社会对爱的集体恐惧。弗洛姆在写到必要的改变时解释说:"社会必须以这样一种方式组织起来,即人的社会的、爱的本性不会与他的社会存在分离,而是融为一体。如果正如我所说,爱是对人类生存问题的唯一理智和令人满意的回应,那么任何相对排斥爱的发展的社会,从长远发展来看都必定会消亡,因为它违背了人性的基本需要。谈论爱并不是说教,因为爱是每个人的终极的和真正的需要。相信爱的可能性是一种社会性的,而不仅仅是例外的个人现象,是一种基于洞察人性本质的理性信仰。"信念使我们能够克服恐惧,我们可以通过培养勇气、坚持信仰的力量、在言行上都承担责任,来重拾对爱的变革力量的信念。

我特别喜欢《圣经》约翰书中的这一段落:"爱里没有恐惧。爱若完美,就将恐惧除去。因为恐惧中有刑罚。恐惧的人在爱中未得完美。"这段文字从小就让我着迷。我对"完美"这个词很着迷,有一段时间我曾觉得完美意味着没有过错或缺陷,这样的完美是超出人类的能力范围的。我们本质上是人类,因为我们并不完美,总是被身体的奥秘、被我们的局限性所束缚,所以这一段赞扬完美的爱的文字令我十分困惑。完美的爱确实很美,但也很难实现。直到后来,我对"完美"这个词进行了更深入、更复杂的理解,并找到了一个强调"精炼"意愿的定义。

突然间,我明白了。驱散恐惧的完美的爱是一种过程,是一种像精炼和炼金术似的，从一个状态变化成另一个状态的过程。只要我们去爱，恐惧就无处容身。完美并不是努力奋斗的结果，正相反，它是自然而然地发生的。这是完美的爱情礼物。要接受这份礼物，我们首先要明白"在爱中没有恐惧"。但是我们确实恐惧，恐惧使我们无法相信爱。

在美国社会中，人们非常重视爱，很少谈论恐惧，然而大多数时候我们都非常害怕。作为一种文化，我们过分强调安全的概念，但我们却从不质疑为什么自己生活在极度焦虑和恐惧的状态中。恐惧是维持统治结构的主要力量，它促进了分离和不被他人所知的渴望。受到的教育告诉我们，同一的东西是安全的，而任何形式的差异都是威胁。选择爱就是对抗恐惧——对抗异化和分离，选择爱就是选择与他人相联系——从对方那里找到自己。

许多人都被恐惧所囚禁，只有通过转变的过程才能走向爱的伦理。哲学家康奈尔·韦斯特（Cornel West）指出，"关于转变的政策"可以恢复我们的希望。他提醒我们注意在社会中蔓延的虚无主义："理论或分析克服不了虚无主义，它只能被爱和关怀所驯服。灵魂的疾病只能通过灵魂的转变来克服，这种转变是通过基于对他人的关心而达成的自我价值肯定来完成的。"为了避免危及生命的风险，越来越多的人开始转向爱的伦理，我们的社会正在发生这种改变。比如，有许多人阅读像托马斯·摩尔（Thomas moore）的《关怀灵魂》(*Care of the Soul*)这样的文学作品，这部作品鼓励我们重新评估支撑生活的价值观，主动与他人的生命产生联系。

要拥抱爱的伦理，就要在日常生活中贯彻爱的所有维度——"关怀、承诺、信任、责任、尊重和知识"，而我们只有通过培养对爱的意识，才能批判性地审视自己的行为，以便让自己能够给予关怀、承担责任、表示尊重并表示愿意学习。知识更是其中至关重要的基本要素，因为我们每天都被各种信息轰炸，这些信息更是告诉我们爱是神秘的、不可知的。我们看到的电影中，各色人物明明相恋，上床睡觉时却从不交谈，从不讨论自己的身体、性需求、好恶。事实上，我们从大众媒体收到的信息是，知识使爱失去魅力，而无知则赋予爱色情和越界的特点。这些信息往往来自对爱的艺术一无所知的只知牟利的人，他们用神秘化的视角刻画爱，因为他们真的不知道如何真正地描绘爱的互动。

如果大家一起要求美国大众媒体描绘真实的爱，那大众媒体就会听从我们的要求，而这种改变将从根本上影响我们的文化。大众媒体关注并延续的伦理是关于统治和暴力的，因为比起对爱的现实的了解，制作这些图像的人对暴力和统治的现实的了解更细致。我们都知道暴力是什么样的。在文化研究领域，所有侧重于大众媒体的批判性分析的研究，无论褒贬，都表明暴力图像，尤其是动作和血腥的图像，比静止的和平图像更能吸引观众的注意力。迄今为止，我们在这种文化中看到的大部分图像都是由一小群人制作的，他们对表现爱的图像没有兴趣，虽然爱的图像同样能够捕捉和激发我们的文化想象力并吸引我们的注意力。

如果他们所做的工作是基于爱的伦理，他们就会批判性地思考自己创作的图像，思考这些图像的影响，对文化的塑造，以及对我们的行为和思想的冲击。如果对爱的领域不熟悉，那么可以聘请顾问来详细了解。尽管个别学者认为，暴力图像与我们生活中的暴力之间没有直接联系，但即便是根据常识性的真相，我们也能知道，暴力图像和观看暴力图像明显会对我们的精神状态产生影响。消费者寻求娱乐，而娱乐性图像展示的是剥夺人性的暴力。观看暴力图像导致日常生活中的暴力变得更容易被接受，不那么容易激起我们的道德谴责和担忧，这是有道理的。如果我们看到的更多的是充满爱的人际互动，那无疑会对我们的精神状态以及生活产生积极的影响。

美国大众媒体中的绝大多数图像是从父权制的角度创建的，如果不明确这一点，改变也就无从谈起。只要父权思想和观点维持现状，这些图像就不会改变。那些不认为自己是父权制受害者的男女个体，往往并不认为有必要挑战和改变父权制思维，但我们可以对他们进行再教育。有大量的人受到父权制度的负面影响，其中男性统治影响尤甚。大众媒体图像的制作者大多是由推动父权制的个人构成的，他们致力于向我们提供各种表现形式来反映他们的价值观和维护他们支持的社会制度。父权制，就像任何统治体系一样，在其社会化进程中令人们相信这样的理念，即在所有人际关系中都一定有上级的一方和下级的一方，强的一方和弱的一方，因此强者统治弱者是理所当然的。对于那些支持父权制思想的人来说，以任何方式维持权力和控制都是可以接受的。经过这样社会化进程的人都会自然地认为统治和暴力的场景比爱和关怀的场景更有趣、更刺激。然而，大众媒体始终需要消费者来购买产品，这就是我们要求变革的力量。

当代女性主义运动在干预、挑战和改变父权制思维方面已经做了很多工作，并为诸多男女提供了过上更充实生活的机会，然而父权制思想仍然是权力者的准则。但这并不意味着我们无权要求改变。面对不反映提升生活的价值观、破坏爱的伦理的图像，作为消费者我们有权不向这些商品投入时间、精力或金钱。这并不是说要进行媒体内容审查，毕竟这些罪恶也不都是大众媒体造成的。例如，家庭暴力很明显不是源于大众媒体，在没有电视的年代，家庭暴力也很普遍。但是众所周知，大众媒体美化了各种形式的暴力，让它们变得有趣又充满诱惑。这些图像的制作者同样可以轻松地利用大众媒体来挑战和改变暴力。不论纵容暴力的图像是否真的让我们变得"更"暴力,它确实肯定了这样一种观点,即暴力是一种可接受的社会控制手段,一个人或一个群体是可以去支配另一个人或另一个群体的。

在奉行爱的伦理盛行的地方,统治都不可能存在。荣格有过深刻的洞察:如果权力意志占据统治地位,爱就会缺乏。只要爱存在,支配和行使权力的愿望都将无法维系。所有争取自由和正义的伟大社会运动都曾寻求促进爱的伦理。对国家、城市或邻居的集体利益的关心植根于爱的价值观中,并让我们滋养和保护集体利益。如果所有公共政策都是本着爱的精神制定的,那么失业、无家可归、学校教育失败或是吸毒成瘾等美国社会现象也将不复存在。

如果城市公共政策都以爱的伦理为基础,那么大家就会群策群力,一起制订影响所有人利益的计划。梅洛迪·查维斯(Melody Chavis)的精彩著作《街上的祭坛:邻里生存战》(*Altars in the Street*:*A Neighborhood Fights to Survive*)就讲述了一个人们跨越种族和阶级的差异走到一起改善生活环境的真实故事。梅洛迪在书中是一个和全家搬入黑人社区的白人妇女。作为一个拥护爱的伦理的人,梅洛迪与她的邻居一起试图在他们的环境中创造和平与爱。虽然他们的工作取得了阶段性的成功,但却因为公共政策和市政府的不支持而遭到破坏。同时，她也致力于帮助死刑犯。梅洛迪热爱社区的多样性，她说："无论是在死囚牢房还是在我的街区中，我都一直在尝试对生活中的暴力进行控制。小时候，面对暴力我是完全无能为力的。"她的书展示了即使在最混乱的社区中，爱的伦理也可以给它们带来改变。它还记录了当恐怖和暴力成为公认的准则时，人类生活中会呈现出的悲惨后果。

如果小社区围绕爱的伦理组织生活，那么每个人日常生活的方方面面都可以得到满足。肯塔基诗人温德尔·贝瑞（Wendell Berry）在他所有的散文作品中都对农村社区进行了优雅的描写，尤其是社区对社群主义和资源共享的推崇。在《曲柄的又一次转动》(*Another Turn of the Crank*)中，贝瑞揭露了大企业为了自身利益破坏了农村社区，并指出这种破坏正在各种社区中蔓延。他鼓励我们向生活在充满爱和社群主义的社区中的人们学习，并这样描写他们的价值观："他们认为慷慨和与邻为善就是对自己的保护；他们不相信残酷的竞争规则可以带来生存和繁荣；他们不认为通过打败、摧毁、出售、耗尽除自己以外的一切能取得成功；他们怀疑暴力能否解决问题；他们希望将人类文化中宝贵的自然之物保存下来，并传给他们的孩子……他们认为，贪婪不能维系社区或利益共同体。他们知道，工作是必要的，是好的；工作的人应当感到满意和尊严，受到工作服务的人则应当觉得它实用而令人快乐。"

## 关于爱的一切

我喜欢住在小镇上,因为在我们国家,小镇的人大多数以爱的伦理为准则生活。在我居住的小镇(现在只是偶尔)有一种睦邻精神——包括伙伴关系、关怀和尊重。这些相同的价值也存在于我长大的城市中。尽管我大部分时间都在纽约市度过,但我住在一栋住户都彼此认识的公寓楼里,大家团结合作,保护和培养集体福祉,努力使我们的社区为每个人营造积极的环境。我们都认为,诚信和关怀可以改善我们的生活,我们按照爱的伦理原则生活。

想要按照爱的伦理原则(关怀、尊重、知识、正直和合作)生活,我们必须学会勇敢。学习如何面对恐惧是拥抱爱的一种方式。恐惧可能不会消失,但它也不会妨碍我们。我们中那些已经选择接受爱的伦理并让它支配思考和行动的人,知道当我们让自己的光闪耀时,会和其他光的承载者相互吸引。因此我们并不孤单。

# 七

# 贪婪：

# 爱得简单

熄灭贪嗔痴，心得究竟解脱——真理是如此有力，一旦知晓就无法回头。

——莎朗·萨尔茨伯格（Sharon Salzberg）

## 七 贪婪：爱得简单

我们社会中有很多人，他们与邻居关系紧密，但仍感到疏远、孤立、孤独。在一个物比人更重要的文化中生活，孤立和孤独不可避免，而它们又会导致抑郁和绝望。物质主义创造了一个自恋的世界，在这里生活的重点只有获取和消费。在自恋文化中，爱无法发展。我所生活的国家未能真正实现宪法和权利法案中阐明的民主愿景，自我文化（"me" culture）的出现正是其直接导致的后果。我们被自我文化裹挟，只为了消费再消费，从不关心其他人。统治伦理盛行，贪婪和剥削成为常态，并带来了疏离和无爱。生活中精神和情感严重匮乏，滋生了物质贪婪和过度消费。在没有爱的世界里，与他人产生联系的激情被占有的激情所取代。情感需求难得回应，往往无法满足，而物质欲望却可以轻易宣泄。战争带来了丰厚的经济回报，同时也破坏了对维持民主至关重要的自由和正义，使我们的社会陷入了病态的自恋。

如今，贫穷的青少年甚至愿意为了一双网球鞋或一件名牌外套去犯罪。然而这并不是贫穷的后果，即便在最贫困的早期阶段，穷人为了奢侈品而犯罪也是不可想象的。虽然为了获取资源而偷窃或抢劫是很常见的——为了获取金钱、食物，或者像棉衣这样简单的东西来抵御寒冷——但那时的价值体系不会把非生存必需品的价值置于人的生命之上。

在20世纪50年代中期，大多数公民无论贫富，都认为我们国家是世界上最适宜居住的地方，因为这里有民主，而且重视人权。这种愿景支撑着公民，并成为推动我们社会自由斗争的催化剂。在《小鸡、卡桑德拉和真狼：思考未来的多种方式》(*Chicken Little, Cassandra, and the Real Wolf: So Many Ways to Think About the Future*)一文中，多内拉·梅多斯(Donella Meadows)尤其强调了愿景的重要性："愿景描绘的是人们深切期盼的未来，它清晰而具有说服力，可以唤起人们的能量、协作、同情心、政治意愿、创造力、资源或其他任何必要的东西来实现它。"美国在全球各处都积极地参与战争，使得我们对民主的承诺在国内外都饱受质疑，尤其是在越南战争之后，愿景被削弱了。越南战争前，民权斗争、女性主义运动和性解放唤起了人们对正义和爱的充满希望的愿景。然而到了20世纪70年代后期，那种想让世界成为一个民主、和平、资源可以共享、人们活得有价值的地方的激进运动失败之后，人们就不再谈论爱了。在世界各地，虽然战争让许多人失去了生命，许多地方遭到了破坏，但却创造了经济上的丰裕。美国人牺牲了自由、爱和正义的愿景，代之以对物质主义和金钱的崇拜。这种社会愿景支持的是不公正和帝国主义战争。为和平、正义和爱而斗争的领导人死于暗杀，一种巨大的绝望感笼罩着我们的国家。

从心理学的角度讲，即使经济繁荣为被剥夺权利的男性和女性提供了就业机会，绝望感依旧不会消失。社会中的个体没有在公共世界中寻求正义，而是转向他们的私人生活，寻求安慰和逃避的地方。很多人转向家庭和人际关系，以再次找到联系和稳定感，然而家庭中无爱的状况依旧猖獗，压倒性的文化心碎感随之而来。人们不仅对自己改变世界的能力感到绝望，同时也开始对自己在日常生活的情感结构中做出最基本的积极改变的能力感到绝望。离婚率高涨，婚姻不再是安全的避风港。公众越来越多地了解到，美国社会中家庭暴力和儿童虐待现象是十分普遍的，这清楚地表明父权制家庭已无法为个人提供庇护。

面对看似难以驾驭的情感世界，某些人接受了新型的新教职业伦理，他们相信衡量成功生活的标准就是赚了多少钱以及能买多少东西。美好生活不再存在于社区和联系中，而是存在于享乐主义和物质欲望的积累和满足中。我们的价值观从以人为本向以物为本转变，富人和名人，尤其是电影明星和歌手，被视为是唯一重要的文化偶像，而远见卓识的政治领袖和活动家则消失了。突然之间，工作生活中的道德维度不再重要，不择手段地赚钱成了唯一目标。腐败随处可见，破坏了爱的伦理重新出现并恢复希望的任何机会。

到了 20 世纪 70 年代后期，美国特权阶层用常态化的腐败和炫耀物质奢侈来表达对金钱的崇拜。对许多人来说，腐败作为新秩序在美国开始泛滥始于总统史无前例的不诚实，以及他在白宫里不道德行为的曝光①。政治领域道德缺乏的背后，是政府官员在大型企业的支持下，以危及国家安全和全球主导地位的名义发展美国的帝国主义。恰好，这一时期制度化宗教的影响力下降，教堂和寺庙也成了宣扬物质主义的场所，其为社会提供的道德指导也随之减弱。

街头贩毒行业空前发展，反映了贫穷人口和其他下层阶级对金钱的崇拜。街头贩毒是罕见的能让资本主义运转的行业，让少数人富了起来。从毒品贩卖中赚到的大笔快钱，可以让穷人和富人一样满足物质上的渴望，即便消费的商品可能不同，但获得和拥有的满足感是一样的。贪婪是一切的核心。贫困社区中的少数人富裕了，但绝大多数人却无休止地遭受着愿望无法满足的痛苦，这简直就是资本主义文化的完美体现。我们可以想象这样一个场景，一个生活在贫困中的母亲想要为她的孩

---

① 指水门事件。

子构建符合伦理道德的世界观，于是她教孩子分辨是非，要诚实。但突然之间，她允许一个孩子去卖毒品，因为赚来的钱可以应付家中必要和不必要的各种开支。她的道德价值观因强烈的渴望和缺乏而受到侵蚀，消费文化不再与她格格不入，而是和她建立了联系，以需求推动她行动。

爱不是她思考的话题，她的生活一直以缺乏爱为特征。她发现，硬起心肠，将注意力转向更容易实现的目标，生活会变得更轻松——找到住所、获得食物、维持生计、想方设法小小地奢侈一下，而思考爱只会让她痛苦。像她这样的女人有很多，她们已经受够了痛苦，甚至会选择毒品，来体验她在寻求爱时从未找到的快乐和满足。

无论是贫穷还是富裕的社区，普遍的毒品成瘾现象都与我们对物质消费的精神病理性欲望有关。消费让我们无法去爱，鼓励我们仅仅关注欲望和需要，促进无休止的渴望的心理状态，这会导致我们精神上强烈的痛苦和折磨，以至于需要摄入麻醉药物来释放和缓解，同时带来成瘾问题。我们国家数以百万计的公民沉迷于酒精以及合法和非法的成瘾药物。在许多贫困社区，成瘾是常态，康复文化则不存在。那些已经成瘾，却没钱支撑自己放纵行为的穷人往往会陷入巨大的身心痛苦之中。瘾君子只想从痛苦中解脱，他们心中不会有爱的位置。

斯坦顿·皮尔（Stanton Peele）在其实用著作《爱与成瘾》

（ *Love and Addiction* ）中提出了深刻的洞见："成瘾的人不会与他人产生联系。"成瘾与爱不能共存，因为成瘾者关心的是解瘾，无论让他上瘾的是酒精、毒品、性爱还是购物。成瘾既是广泛存在的无爱的结果，也是其原因。吸毒者只在乎毒品，他们会贪婪地寻求满足，和他人的亲密关系在这一过程中往往会被破坏殆尽。贪婪是成瘾的主要特征，它的欲望永无止境，无法一劳永逸地得到完全满足。

对穷人和无家可归者来说，成瘾显然更具有破坏性，因为他们既没有特权阶层的成瘾者掩盖事实的手段，也没有参与康复计划的机会。O.J. 辛普森（O.J.Simpson）案案发时曾引起广泛的公众讨论，但几乎没有人提到滥用药物在这个已经功能失调的家中造成的情感疏离。公众讨论更多的是家庭暴力，所有人都同意家庭暴力是不可接受的行为，然而滥用药物对积极情感互动的破坏却鲜有人提及。

妮可·辛普森（Nicole Simpson）将自己和她的孩子置于危及生命的危险中，部分原因是她流连于非富即贵的名流之间的表面光鲜的生活，然而大家在公开场合似乎都不愿用同情（且不责怪受害者的方式）的姿态指出这一点。在私下场合，与虐待狂、富有和有权势的男人有关联的女性往往会大方地承认她们对权力和财富的依赖。

在我生活的这个国家，贪婪促使人们将自己置于危及生命的险境中。监狱里挤满了因贪婪而犯罪的人，令他们犯下罪行的通常是对金钱的渴望。虽然这种欲望是任何完全接受消费主义价值观的人的自然反应，但当这些人在追求财富的过程中伤害他人时，他们的行为却被视为异常。我们相信他们和我们不一样，但研究表明，许多人愿意为了钱而撒谎。大多数人都对无休止地消费或不择手段地敛财有着深深的渴望。近年来，公众在彩票站和赌场对赌博的支持，让人们越来越意识到对金钱的渴望也能让人上瘾，然而大量工薪阶层和中产阶级为了致富而赌上他们辛苦赚来的钱，这样的故事仍然得不到媒体的关注。许多勤劳的公民会对家人撒谎好维持他们的习惯，虽然他们不会因此被逮捕或监禁，但他们功能失调的行为破坏了家人的信任和关怀。他们更像那些想不顾一切轻松赚钱的囚犯，而不是认为追求爱的连接要比物质上的成功更重要的家庭成员。

在《金钱七法则》(Seven Laws of Money)中，迈克尔·菲利普斯（Michael Phillips）写道，"他遇到的大多数因为想'快速致富'进而偷窃而被监禁的囚犯，事实上都是聪明、勤劳的人。他们本可以通过工作获得物质财富，然而他们觉得靠每天工作赚钱太花时间了。对物质财富和即时满足（immediate satisfaction）的渴望的结合，昭示着这种物质主义已变得会令人上瘾。即时满足是贪婪的组成部分"。

贪婪的逻辑也侵入了人们对爱的寻求，让他们总是希望立即得到满足。真正的爱是很少可以让情感需求即刻得到满足的，要想获得它我们必须投入时间和承诺。约翰·威尔伍德在《心灵之旅：有意识的爱之路》(*Journey of the Heart：The Path of Conscious Love*) 中提醒我们："如果梦想爱会拯救我们，解决我们所有的问题或提供稳定的幸福或安全状态，那只会让我们陷入一厢情愿的幻想。爱真正的力量是可以令我们产生转变，而幻想则会破坏这种力量。"许多人希望爱能像毒品一样，让他们立即获得持续的快感，这样他们什么都不用做，只要被动地接受美好的感觉就行了。在父权制文化中，男人特别倾向于认为，爱是无须付出任何努力就可以得到的，因而他们往往不想做爱所要求的工作。当爱带我们进入一个拥有潜在幸福，但同时也有批判性的觉醒和痛苦的地方时，许多人选择转身离去。

社会中存在对功能失调关系的广泛关注，这很容易让我们觉得，美国应当致力于修正功能失调，创造令爱蓬勃发展的文化。然而事实却是，他们正在将功能失调常态化。功能失调的关系获得的曝光越多，大家就越是认为，家庭里面出些问题是很正常的，认为这就是家庭的本来面目。就像享乐主义消费一样，社会鼓励我们相信，家庭中存在一些越轨行为是正常的，而完全功能正常、充满爱的家庭则是不正常的。

这是生活在贪婪的政治主张被正常化的文化中的后果。社

七　贪婪：爱得简单

会舆论告诉我们，每个人都想赚更多的钱、买更多的东西，所以建立在谎言和欺骗上的成功也是没有问题的。物质满足与爱不同，如果我们手头有现金、信用卡，甚至是分期付款的合同，那么就可以立刻得到我们想要的东西，对物质的渴望也可以立即得到满足。同样地，当涉及心灵的事物时，我们也将伴侣视为可以随意拿起、使用、然后丢弃和处置的物品，而这一系列互动的唯一标准是我们的个人欲望是否得到了满足。

贪婪的消费成为家常便饭，灭绝人性、把人当作物品的行为也就成了普遍的标准。这是一种仅仅构建于商品交易上的文化，是市场价值的暴政，它影响了人们对爱的态度，年轻人变得愤世嫉俗，不相信能够得到真正的爱，只为了满足欲望才与他人发展恋爱关系。"如果他满足不了你，那就甩了他。"这种建议我们都听到过多少次了？恋爱就像一次性纸杯一样，千篇一律，用完即弃。如果不好用，就放下抛弃，然后再换一个。如果这样的行事逻辑占据主导地位，承诺的纽带（包括婚姻）就不会持久，友谊和爱的社区也会失去重要性，无以为继。

如果以自我为中心的需求得不到满足，人们就不知道该如何保护和强化爱的纽带。大多数人希望他们能在他们所选择的生活和关系中找到爱，然而他们又不知道如何维持这些关系。他们转向大众媒体寻求答案，但是大众媒体早已沦为贪婪的宣传工具，而关于建立和维持有意义的关系的信息则很少。电视和电影的观众早已受到大众媒体的影响，物质积累的意愿在他们心中生根发芽；其他人也暴露在图像和信息的轰炸下，心灵中被植入了这样的想法：应当与他人一起消费，而不是建立联系。现在去电影院看电影，正片播放前必须先看广告。那种在黑暗中进入电影的美学空间寻求乐趣的、放松的、感受性的开放状态，现在却被广告占用了，我们的感官和情感被伤害了。

贪婪正是"七宗罪"之一，它侵蚀了关心公共利益的道德价值观，违反了人类生存所固有的联系和社区精神，消解了个人对需求的认识和关注，代之以有害的自我中心思想。健康的自恋（自我接纳、自我价值——自爱的基石）被病态的自恋（只有自我最重要）所取代，试图证明任何能够满足欲望的行为都是合理的。贪婪消灭了在爱中存在的为他人牺牲的意志，我们国家愿意从穷人手中剥夺由政府资助的社会服务，同时却为日益增长的暴力帝国主义文化投入海量的金钱。"贪婪"这位眼中只有暴利的先知从不满足，仅仅吞噬这一个国家（美国）的政策是不够的，它还必须要成为遍布全球的自然生活方式。

慷慨和慈善可以阻止贪婪的蔓延，其形式多样，包括善待邻居、建立进步的工作共享系统、支持国家资助的福利计划，等等。但贪婪政治成为文化的规范，慈善行为因此遭受错误的怀疑，被视为弱者的姿态。结果就是，我所生活的国家的公民越来越不愿进行慈善活动，傲慢地捍卫自私的政策，声称穷人之所以穷仅仅是因为他们不够努力，借此保护富人的利益。我曾惊讶地听到过，某个在童年继承了大笔财富的人警告他人，不要对别人慷慨，因为需要钱的人只有靠自己工作赚钱才有价值。大众媒体很少谈论遗产财富继承的话题，因为财富的继承者们不想明确地告诉大家，不靠自己的努力工作就得来的钱其实也是大有好处的。继承的遗产让他们的物质生活变得更加富足，这更加反映出，我们很少有人可以通过努力工作积累到足以致富的财富。贪婪文化中最讽刺的就是，那些没有用自己的双手劳作就赚得收益的人，却最坚持认为穷人和工人阶级只能通过努力工作来赚钱。他们其实只是在建立信仰体系来保护他们的阶级利益，同时让那些没有特权的人不能对他们进行指责。

玛丽安·威廉姆森（Marianne Williamson）在《治愈美国》（*The Healing of America*）中谈到了社会中普遍存在的对资源共享的怀疑与不屑，这已经威胁到了我们国家的精神福祉。她说："美国有如此多的不公正，却又同时存在一个让我们无法谈论这些不公正的阴谋；社会中的痛苦是如此巨大，但又存在着偏移的力量把我们的目光转向别处。他们告诉我们这些问题并不重要，而且解决起来成本太高——对他们来说，钱才是最重要的。贪婪拥有了合法性，而兄弟之爱却失去了它。"

威廉姆森是一位新时代大师，她在这本书中勇敢地谈论人们不愿接受的话题，然而这并没有减少她的受欢迎程度，因为大多数读者选择性地忽略这本特别的书。威廉姆森呼吁我们去反抗，去勇于改变不公正。她从不否认自己享有特权，但同时也认为我们所有人都要为不分享财富承担责任。

贪婪的支配是难以抗拒的，因为放下物质欲望会迫使我们面对自己的情感需求。我曾对流行说唱歌手Lil'Kim做过采访，她直言不讳地谈到她自己生活中缺乏爱，并且对爱毫无兴趣，最吸引她注意力的话题是赚钱。采访结束后，我深感震惊：一个来自破碎家庭，连高中都没有毕业的年轻黑人女性，成功跨越了各种障碍，积极斗争并积累了物质财富；然而她对跨越阻止她获得和给予爱的障碍却不抱任何希望。

贪婪文化推动了她对金钱的崇拜并使其合法化，但对她的情感成长却没有任何支持。谁会在乎她是否懂得爱呢？可悲的是，许多美国人像她一样，相信财富可以弥补情感上的缺失。同样地，她可能也从没有关注过大众媒体中关于痛苦的富人的信息。如果金钱真的可以弥补失却和无爱，那么富人将是这个星球上最幸福的人。我们最好记住甲壳虫乐队预言般的歌词："金钱买不到爱。"

讽刺的是，越来越贪婪和过度保护自己的财富的富人和被贪婪折磨的穷人一样，永远都处在焦虑和不满足的状态中。

富人永远赚得不够,永远找不到满足感,然而大家却都想效仿富人。在《简单的自由》(*Freedom of Simplicity*)中,理查德·福斯特(Richard Foster)写道:"想想无休止的贪婪造成的痛苦:背上巨额债务,然后打两三份工维持生计;扰乱整个家庭的生活,只是为了住到更大的房子里;没日没夜地赚钱,但钱永远都不够。最具有破坏性的是,我们的注意力全都被华丽的汽车、体育赛事和后院游泳池牢牢吸引,忘记了民权、内城贫困或印度饥荒的存在。贪婪切断了慈悲的绳索。"事实上,我们忽视的是这个社会中饥饿的群众,他们的存在表示美国未能以慈善和公平的方式给三千八百万穷人分享资源。对金钱的崇拜让人的心变得冷漠,导致我们主动或被动地接收对自己和他人的剥削和非人性化。

许多20世纪60年代的激进运动分子后来成为铁杆资本家,以前他们曾经批判甚至想要摧毁现行体制,如今却从中获利。和平与爱的文化转向了利益和权力的政治,这种转变不是某个人的责任,而是因为那种在乌托邦式的嬉皮士聚居区蓬勃发展的自由的爱,仅仅影响到了虚浮于世、四体不勤的年轻人,并没有在普通的工薪阶层和退休人员的日常生活中扎根。对致力于社会正义的年轻进步人士来说,当他们生活在体制外的时候,要维持激进的政治主张是很容易的,而如果要重构现行体制以彰显自由与爱、民主与正义的价值观,则是困难重重。他们显然不想做这种困难的工作，进而陷入了绝望，正是这种绝望促使他们向现有社会秩序投降，并把它当作唯一的安慰之地。

没花多少时间这一代人就发现，他们更喜欢的是物质享受，而不是正义。过几年艰苦的日子，为正义斗争，为非白人和所有种族的妇女争取公民权利固然是不错的，但一旦面临可能终生都陷入物质匮乏或被迫分享资源的情况，他们就退缩了。当许多反抗过度特权的激进分子和嬉皮士有了自己的孩子之后，他们却都希望他们的孩子能够拥有和他们一样的物质特权，以及反抗这些特权的奢侈机会。他们希望孩子们在物质上有保障。同时，许多来自物质匮乏背景的激进分子和嬉皮士也渴望找到一个物质丰富的世界来维持他们的生活。大家都很担心，如果继续支持社区自治、共享资源，他们将面临拮据的生活。

最近我参加聚餐时，听到曾经的改革派激进分子开玩笑说，他们许多年前绝不会想到他们如今竟然成为"社会自由主义者和财政保守主义者"，他们希望促进和支持大企业，同时终止社会福利。那天的食物和饮料都十分美味，而我的心情却非常沮丧。威廉姆森一针见血地指出："当今美国社会中对福利的反对意见，所反对的其实并不是福利滥用，而是公共领域中的同情心。美国到处都是对我们的私人道德指手画脚的人，但

## 七 贪婪：爱得简单

质疑社会道德的人却寥寥无几。我们是地球上最富有的国家之一，但与其他西方工业化国家相比，我们花在穷人身上的钱微不足道。美国有五分之一的儿童生活在贫困之中，而其中非洲裔儿童则有一半生活在贫困中。我们是唯一没有全民医疗保险的工业化西方国家。"这些都是没有人愿意面对的事实。美国的许多公民都不敢接受同情的伦理，因为它会威胁到他们自身的安全感。他们都被洗了脑，认为只有拥有的物质财富比别人多，才会有安全感。所以人们不断积累财富，但仍然感到不安全，因为总有人积累了更多。

我们都观察到，穷人和富人之间的差距正被不断地拉大。特权阶层的人生活在物质丰富、赞美财富的社区里，然而这种富裕绝不是没有成本的。少数人生活在奢侈的世界里，却看不到支撑他们的多数人的痛苦。我曾经问一个刚刚获得富人地位的人，他最喜欢他的新财富的哪一点。他回答说，他喜欢看到金钱对人的影响，看到钱是如何改变一个人，让他背叛自己的价值观的。他简直是贪婪文化的化身，因为他对财富的喜悦不仅在于他想拥有比别人更多的东西，而且在于他想利用这种权力来贬低和羞辱他人。为了维持和满足贪婪，人们必须支持支配，而支配的世界永远是一个没有爱的世界。

我们都是脆弱的，都面临着诱惑。即使是我们这些致力于爱的伦理的人，有时也会被贪婪的欲望所引诱。受贪婪支配的不仅仅是内心腐败的人，拥有善意良心的人也可能会被前所未有的权力和特权席卷，这正是当下时代的危险之处。我们的总统利用他的权力主动靠近了政府雇员中的一名年轻女性，公开地表达了他的贪欲，表明他愿意为了享乐主义的快乐而将他所珍视的一切置于危险之中。有很多人认为，他滥用权力是理所当然的——他被抓包只是运气不好——这进一步说明人们对贪婪的政治有多么宽容。这种贪婪的心态削弱了爱的能力以及为所爱之人付出牺牲的能力。同时，涉事的年轻女子面对公众时的虚虚实实，操纵舆论，最终通过出卖自己的故事谋取利益、沽名钓誉，而社会却也纵容了她的行为。她的贪婪不止于名利，因为她还想被视为受害者。她就像一个精明的骗子，大胆地利用资本主义所热衷的幻想，把一个为了快感而进行肉体交换的故事改编成一出爱情剧。她希望每个人都会被幻想所诱惑，而忽略了欺骗、背叛和不顾他人感受永远不会培养出蓬勃的爱的事实。这不是一出爱情故事，而是对贪婪政治的公开戏剧化。强烈的贪婪只能将爱摧毁。

贪婪会吞噬爱和慈悲，而简单的生活则会为它们创造空间，帮助我们抵抗贪婪。世界各地的人们都越来越意识到，简单生活和共享资源是十分重要的。我们仍然可以抵制贪婪的诱惑，努力改变公共政策，选举诚实和进步的领导人，关掉电视机，表达对爱的尊重。为了拯救地球，我们可以停止轻率的浪费，践行废品回收，支持绿色环保生存策略。我们可以通过共享资源来弘扬社区自助和邻里关系。所有这些姿态都表达了对生命的尊重和感激。当延迟满足并为自己的行为负责时，我们可以简化自己的情感世界。简单的生活必然会增强我们爱的能力，让爱变得简单。通过这些行为，我们可以学习和保持同情心，并且肯定我们与世界社区之间的联系。

# 八

# 社群：
# 爱的联系

　　分裂的人是无法建立社群的。社群必须首先根植于完整的自我当中，才能以明确的外部形式建立起来；换句话说，我们只有与自己不建立联系后，才能与他人构建社群。

　　　　　　　　　　——帕克·帕尔默（Parker Palmer）

## 八 社群：爱的联系

全世界各地的男性和女性为了保证自己的生存权利，都选择了自发地结成社群。社群维持的是生命的延续，而不是核心家庭或"伴侣"，更不是坚定的个人主义。社群是学习爱的艺术最好的场所。M. 斯科特·派克在他的书《不同的鼓：社群的建立与和平》(*The Different Drum : Community Making and Peace*)的一开始就发表了深刻的宣言："社群可以解救世界，方法就在社群之中。"派克将社群定义为"一群聚在一起的人""他们已经学会了如何诚实地相互交流，他们的关系比他们佩戴的假面具更深入，他们已经许下承诺，要做到'一起快乐，一起痛苦'和'以对方的喜悦为自己的喜悦，以对方的生存条件为自己的生存条件'"。

我们每个人都是诞生在社群中的，很少有人在出生的时候身边只有寥寥数人，大多数孩子一降生到这个世界上就被充满可能性的社群包围了，他身边的家人、医生、护士、助产士，甚至热心的陌生人一起构成了或深或浅的联系。

我们社会的"家庭价值观"强调核心家庭，即由母亲、父亲，再加上最好只有一两个孩子组成的家庭。在美国，人们认为核心家庭是最主要也是最适合养育孩子的组织，可以确保每一位家庭成员的最大幸福感。不过这只是对家庭形象的幻想，因为现实社会中几乎没有人生活在这样的环境中。即使是对在核心家庭中长大的个人来说，核心家庭也只是大家庭中的一个小单位。资本主义和父权制共同作为统治结构，加班加点地破坏和摧毁这个更大的家庭社群单位，用一个更加私有化的小型专制单位取而代之，促进了异化和对权力的滥用。核心家庭中父亲拥有绝对的统治权，而针对孩子的次要传统权则属于母亲。核心家庭与大家庭分离后，女性被迫更加依赖于某一个男性，而孩子们则更加依赖于某一个女性。正是这种依赖性形成了滋生滥用权力的温床。

记录父权制核心家庭失败的文字已经汗牛充栋。父权制核心家庭的特征是功能失调、情绪混乱，充满忽视和虐待，只有否认现实的人才会继续认为这是养育孩子的最佳环境。虽然大型家庭也有可能功能失调，但因为其规模较大，且包含非血缘亲属（即嫁入大家庭的个人及其血缘亲属），大型家庭更加多样化，更可以容纳既理智又充满爱心的人。

我第一次公开说我的家庭中存在功能失调之后，我的母亲生气了。对她来说，我既然已经获得了相当的成就，就说明我不可能在核心家庭中遭受过"那么多"的痛苦。然而我知道，

## 八 社群：爱的联系

我之所以能够熬过痛苦的童年并且茁壮成长，正是因为我的大家庭中有充满爱心的人，他们滋养了我，给了我希望和可能性。他们的存在说明，我家庭的内部互动并非是标准规范，还有其他不同的思考和行为方式。这样的事其实很常见，要在功能失调的核心家庭中生存并战胜它，往往需要精神分析师爱丽丝·米勒（Alice Miller）所说的"开明的旁观者"的存在。几乎每一个在童年经历过不必要痛苦的人都有过类似的经历，一个善良、温柔和关心他们的人，重新给了他们生活的希望。这样的人能够存在，是因为家庭是作为更大社群的一部分而存在的。私有化的父权核心家庭是一种相当新型的社会组织形式，而世界上大多数人现在没有，以后也永远不会拥有足够的物质资源生活在与大家庭社群隔离的小单位中。研究表明，在美国，经济因素（住房成本、失业率高）正在迅速塑造一种新的文化氛围，成年的孩子离开家越来越晚，离家后更是经常回家，甚至一直都不会离家独自生活。根据人类学家和社会学家的研究，小型的私有化单位，尤其是那些围绕父权思想组织的小型单位，对所有人都是不健康的。在全球范围内，开明、健康的育儿方法都是在社群和大型家庭网络的背景下实现的。

大型家庭中，社群的力量尤其强大，不过只有社群中的个人之间可以进行诚实的交流，社群才能维系。功能失调的大家庭和规模较小的核心家庭一样，通常以混乱的沟通为特征。如果家庭内部存在秘密，那么家人之间的紧密社群关系恐怕就难以维持。曾经有这样一则广告："一起祈祷的家人永远都会在一起。"由于祈祷是一种交流方式，它无疑有助于家人保持联系。我记得在十几岁的时候听到这个口号，通常是在权威人物强迫我们祈祷的时候，那时他们说的是："一起交谈的家庭永远都会在一起。"一起交谈也是建立社群的方式之一。

如果我们没有在原生大型家庭（通常它也是我们接触到的第一个社群）中体验到爱，另一个有机会建立社群并了解爱的地方就是友谊了。由于我们可以自己选择朋友，许多人从童年到成年都希望朋友能给予我们在家庭中没有体会到的关怀、尊重、知识，以及全方位成长的滋养。苏珊·米勒（Susan Miller）在她感人的回忆录《永不让我失望》(*Never Let Me Down*）中写道："我一直在想，爱一定就在我身边的某个地方。我在自己身边看了又看，但什么也找不到。我知道什么是爱，爱就是我对我的玩偶、漂亮的东西还有某些朋友的感觉。后来我认识了最好的朋友黛比之后，就更加确信，爱让人感觉良好，而不是让人感觉不好、恨自己。爱带来安慰，令内心自由，让人发笑。有时黛比和我会闹矛盾，但又不会真的闹掰，因为我们从根本上说是紧密相连的。"充满爱的友谊为我们提供了一个空间，让我们在人与人的关系中体验社群的乐趣，同时教会我们处理关系中存在的问题，在保持联系的同时应对差异和冲突。

人们普遍相信，会在第一家庭（原生家庭），或者在由坚定的恋爱关系构成的婚姻或长久的伴侣关系的第二家庭中找到爱。许多人在孩提时代就知道，友谊永远不会和家庭一样重要。然而，友谊是我们大多数人第一次得到救赎之爱和社群关怀的地方。我们在友谊中学会如何去爱，之后更是将这种爱带入与家人或恋人的互动中。我有一位好朋友，她的母亲在她刚成年时就去世了。一次我向她抱怨，我妈妈因为鸡毛蒜皮的小事对我吹毛求疵，她却回答说，她是多么想再听到她妈妈责骂她的声音。她谈到失去母亲的痛苦，说她们本应该更加努力地加强交流并达成和解，进而鼓励我对母亲要有耐心。她的话提醒了我，要富有同情心，要专注于母亲让我真正喜欢的地方。在友谊中，我们能够听到诚实、批评性的反馈。真正的朋友是对我们带有善意的。我的朋友让我珍惜母爱。

友情为我们带来愉悦的互动，但我们却常常认为友情是理所当然的。我们将友情置于次要位置，尤其是在恋爱关系方面。看不到友谊的价值会造成一种空虚，当我们全心全意寻找可以爱恋的人或将所有注意力都集中在所爱的人身上时，可能感受不到这种空虚。当我们切断与朋友的所有联系，把恋爱关系纽带放在首位时，爱情就更有可能变得相互依赖。有些本来很亲密的朋友因为找到了另一半就疏忽了友情，这种事情尤其令我难过心痛，比如我曾经有一位最好的朋友，但她选择了一个和我相互看不顺眼的人作为伴侣，结果自那之后他们做任何事情都在一起，而她身边的朋友也都只剩下那些她伴侣所喜欢的人。

不过我们的友谊依旧坚固，因为我们愿意坦然面对彼此之间关系的转变并做出必要的改变。我们不像以前那样经常见面，不再每天打电话，但将我们联系在一起的积极纽带仍然完好无损。爱情越真诚，就越不需要削弱或切断与朋友的联系来加强与恋爱伴侣的关系。信任是真爱的核心，我们应该相信，伴侣和朋友之间互相给予的关注不会从我们身上带走任何东西，不会对我们造成任何损失。经验告诉我们，在友谊中建立的厚重而深刻的关系会加强所有的亲密纽带。

爱是通过关怀、尊重、了解和承担责任的行为来培养自己或他人的精神成长的意愿的，从这个角度看，我们生活中所有的爱的基础都是相同的，并不存在一种只属于恋爱伴侣的特殊的爱。真正的爱是我们与自己、家人、朋友、伴侣以及我们选择去爱的每个人的交往基础。虽然爱的行为、投入的程度会因关系的性质而改变，但植根于爱的伦理的价值观对所有关系的指导都是相同的。我在处得最久的一次恋爱关系中是以传统的方式行事，将其置于其他关系之上的。之后我慢慢地发现，这次恋爱变得越来越有破坏性，但我却无法离开，反而逐渐接受了我在一般友谊中绝不会容忍的行为（言语和身体虐待）。

基于我们的社会传统，我一直认为这次的关系是"特殊的"，应当受到最高的崇敬。大多数 20 世纪 50 年代或更早出生的男女都在社会化进程中了解到，婚姻或任何形式的恋爱关系都应该优先于其他类型的关系。如果从一个强调成长而不是责任和义务的角度来评估我的这场恋爱，就会明白，虐待会无可挽回地破坏这场恋爱。女性常常认为，忍受刻薄、残忍，选择原谅和忘记，是一种爱的表达、忠诚的象征，而事实上，要正确地爱，就要在面对残忍和虐待时选择健康的、爱的反应——远离伤害。尽管我年轻时是一名坚定的女权主义者，但我关于人人平等的政治观点仍旧一度被宗教和家庭的教养所掩盖，令我相信必须采取一切措施来拯救这场"关系"。

现在回想起来，我当时对爱的艺术一无所知，所以这场关系从一开始就潜藏了危险。在我们在一起的十四年里，童年的习惯误导了我们对爱的本质的了解，让我们以为必须要改变自己才能爱别人。我和许多人一样，处在亲密关系中的恐怖的笼罩下。如果我把在友谊中所展现的更高水平的尊重、关怀、知识和责任带到这场恋爱关系中，我本可以更早抽身离开，恢复自己。有些女性不能容忍在友谊中受到情感上和身体上的伤害，然而她们却会在带给她们同样伤害的恋爱关系中驻留。如果她们在这些恋爱关系中设下与友情相同的标准，她们就不会成为受害者。

　　离开这段花费了大量时间和精力的感情之后，我理所当然地感到非常孤单寂寞。那时我了解到，在爱的圈子中与所爱之人互动，会让生活更加充实。许多人是在自己孤身一人、缺乏与朋友之间有意义的联系之后才艰难地学到了这一点。在恋爱中被抛弃和对被抛弃的恐惧告诉我们，在任何一种有意义的人际关系中，爱的原则都是相同的。好好地相处不只在恋爱中重要，在其他有意义的人际关系中也很重要。有些人可以容忍伴侣不诚实，甚至他们自己就不诚实，但他们却永远不会接受朋友不诚实。在令人舒适的友谊中，友爱是相互的、共享的，这也为我们在包括恋爱的其他关系中的行为提供了指导，让我们了解到社群是什么样子的。

　　在充满爱心的社群里，人和人之间的联系是通过同情和宽容构建的。埃里克·巴特沃斯（Eric Butterworth）的《为爱而生》（*Life Is for Loving*）有一章标题为"爱与宽恕"，他的观点是这样的："没有爱，生活就变得无法忍受。只有通过完全和彻底的宽恕，才能得到治愈、舒适、和谐的爱：要获得自由、和平以及爱与被爱，我们必须放手和原谅。"宽恕是一种慷慨的行为。其他人会因为我们的愤怒而感到内疚或痛苦，而宽恕就是要把他们从痛苦的牢笼中释放出来。真正的宽恕要求我们了解他人的消极行为，这也是一种对爱尊重的姿态。

## 八 社群：爱的联系

虽然宽恕对精神成长至关重要，但它并不能马上解决所有的问题。以爱为主题的新时代文字让人觉得，只要去爱，一切都会好起来的。实际上，融入一个充满爱心的社群并不意味着我们不会遭遇到冲突、背叛、好心办坏事、好人没好报的事，而爱让我们能够以一种肯定生命和增强生命的方式来面对这些消极的现实。我有一位十分令人敬佩的同事，我自认为她是我的朋友，但有一天她却突然对我的工作进行恶意的攻击，还满口谎言和夸大事实。这让我十分震惊，因为我一直在以朋友的身份关心她。她的行为伤害了我，为了治愈这种痛苦，我与她建立了同理心，通过这样的方式来理解她的动机。在《宽恕！平和之心的鲁莽之道》（*Forgiveness！A Bold Choice for a Peaceful Heart*）中，罗宾·卡萨吉安（Robin Casarjian）说："宽恕是一种生活方式，它将我们从环境的无助受害者转变为强大而充满爱心的'共同创造者'……如果失去了从他人的角度看问题的能力，爱就会蒙上阴影。"

通过同情和宽恕，我学会了应对因失去这段关系而感到的悲伤和失望。我现在仍然欣赏她的作品。同情使我能够理解她可能这样做的原因，最终我原谅了她。宽恕让我仍然能够将她视为我的社群的一员，而如果她愿意，她在我心中仍然占有一席之地。

我们都渴望有爱的社群，是为了增添生活的乐趣，但也有许多人寻求社群只是为了逃避对孤独的恐惧。学会独处是爱的艺术的核心，因为学会独处之后我们就可以不再为了逃避而与他人相处，而是真正地想和他们在一起。终其一生，神学家亨利·诺文（Henri Nouwen）在诸多著作中都在强调独处的价值，他认为独处不应该只是隐私之地，而更应当是我们真正审视自己并摆脱虚假自我的地方。在他的《伸出手》（*Reaching Out*）一书中，他强调"孤独是当今人类痛苦的最普遍来源之一"。

诺文认为，"没有任何朋友或恋人、丈夫或妻子、社群或团体能够满足我们对团结和完整的最深切的渴望"。他明智地建议我们，应当享受我们的独处时光，在那里接触神圣的灵性来平息这些渴望："从孤独到独处的转变是艰难的。与其通过遗忘和否认来逃避我们的孤独，不如保护它并将其转化为富有成效的独处。……孤独是痛苦的；独处是平静的。孤独使我们绝望地依附于他人；而独处则使我们能够尊重他人的独特性，并创造和他人共处的社群。"如果在孩童时代就学习过如何享受安静的时光、独自思考和遐想，人们就会将这种技能带入成年。努力克服对孤独的恐惧的人们通常会通过练习冥想来拥抱孤独，比如，学习如何在静止和安静中"稳坐"就走出了独处的舒适感的第一步。

从独处状态中走出来进入社群可以提高我们彼此之间交流

的能力，而通过交流我们会学习如何互相服务。服务正是社群之爱的另一个维度。在自传《生命之轮》(*The Wheel of Life*)的结尾，伊丽莎白·库伯勒-罗斯（Elisabeth Kübler-Ross）坦言："我可以向你保证，一生中最大的回报将来自向有需要的人敞开心扉，最大的祝福来自帮助他人。"女性一直都是世界上最伟大的有服务意识的践行者。我们公开纪念像特蕾莎修女这样以服务为使命的杰出人士，但也有一些人人皆知的女性，虽然她们永远不会声名远播，但她们仍然以耐心、恩泽和爱心来服务。所有人都可以从这些有爱心的女性身上学到东西。

在之前的文字中，我曾说我对母亲的一些行为很不耐烦，但综观她的生活，我对她为他人提供的服务感到敬畏，她教会了包括我在内的她所有的孩子关于服务的价值和意义。小时候，我目睹了她对病人和垂死者的耐心护理，她毫无怨言地为他们提供庇护和帮助。从她的行为中，我学到了不求回报地给予的价值。记住这些事很重要，因为我们很容易忘记女性在日常生活中为他人提供的服务——尤其是她们做出的牺牲。性别歧视的思想经常会掩盖这些女性是自愿做出服务选择这一事实，她们遵从的是自由意志，而不是生物角度上的必然命运。有很多人对服务不感兴趣，甚至贬低服务行为。如果有人认为，一个女人的服务是"因为这就是母亲或真正的女人应该做的事情"，那么他们就否认了她的全部人性，因为他们看不到她行为中所固有的慷慨。亦有很多女性对服务不感兴趣,甚至看不起服务。

牺牲的意愿是爱的实践和社群生活的必要维度,我们没有人可以一直按照自己的方式行事,而选择放弃某些东西是我们维持集体福祉的一种方式。我们做出牺牲的意愿反映了我们对相互依存的认识程度。马丁·路德·金在写到跨越贫富差距的必要性时说:"所有人都存在于一张关系网络中,无法逃脱,被唯一的命运捆绑在一起。任何对一个人产生直接影响的东西都会间接地影响到所有人。"贫富差距的鸿沟是通过资源共享来弥合的。每天都有很多不富裕但物质上享有特权的人选择与他人分享,一些人选择"什一奉献"(定期捐出自己收入的一部分),而另一些人则通过爱的实践来分享,每天帮助那些他们碰到的有需要的人。相互的给予可以令社群变得更加强大。

如果能够在社群中体会生活与爱,我们就能够获得更强大的力量,以开放和接纳的态度与陌生人交往。单单是与陌生人交谈,接纳他们在这个世界上的存在,我们就和他们建立了联系。我们每一天都有机会实践在社群中学到的经验,让善良和礼貌将我们彼此联系起来。派克在《不一样的鼓声》一书中提醒我们,真正社群的目标是"探求在爱与和平中与自己和他人相处"。参加社会变革运动,人们需要加入组织、参加会议，但社群不同，我们可以随时随地开始创建社群的过程，比如分享一个微笑、一个温暖的问候、几句闲谈，又或者做善事或承认我们接收到的善意。每一天我们都可以努力让我们和家人融入更大的社群，比如我曾经向我哥哥建议，他可以搬到我居住的城市以便我们可以有更多的时间相处。他十分高兴，因为这样的建议增强了他的归属感，而他想要来到我所在之处，也让我感到被亲人所爱。每当我听到朋友说他们与家人疏远时，我都会鼓励他们寻求治愈之道，重建纽带。有一次，我同性恋的姐姐说她想脱离家庭，因为家庭成员经常表现出恐同倾向。我肯定并分享了她的愤怒和失望，但同时也鼓励她保持和家人的联系。随着时间的推移，她看到了重大的积极变化，家人对她的看法从恐惧逐渐变为理解。如果她在面对被家人拒绝的痛苦时选择了疏离，那么就不会有这样积极的结果了。

治愈家庭的创伤就是对社群的加强，这就是爱的实践，而这种爱为与陌生人建立建设性的社群奠定了基础。无论我们走到哪里，在社群中诞生的爱都会伴随着我们，我们去过的任何地方都会成为爱回归的地方。

# 九

# 相互依存：
# 爱之心

真正的给予是一件非常快乐的事情。有了给予的想法、实际的给予行为以及对给予的美好回忆都会让我们体验到快乐。慷慨是一种赞颂。向某人提供某些东西时，我们与他们就建立了关系，我们对和平和觉察的纽带就会加深。

——莎朗·萨尔茨伯格（Sharon Salzberg）

## 九　相互依存：爱之心

爱让我们得以进入天堂，但许多人却仍然在天堂之外等待，他们无法跨过门槛，无法抛弃那些他们所积累的阻碍爱的东西。如果一生中的大部分时间都没有被引导在爱的道路上，我们通常就不知道如何去爱，或者说应该做什么、应该如何行动。年轻人对爱绝望，主要是因为他们相信自己正在做的和做过的一切都是"正确的"，但他们仍然没有得到爱。他们努力去爱和被爱只会产生压力、冲突和永远的不满。

我二十多岁和三十岁出头的时候，曾确切地知道什么是爱。然而每次我"坠入爱河"之后，都会发现自己十分痛苦。我一生中最亲密的两个伴侣都曾有过酗酒的父亲，他们两人都没有与父亲积极互动的记忆，都是由离婚后没有再婚的职业母亲抚养长大的。他们的气质和我父亲很相似：安静、勤奋，在情感上克制。我记得我带第一个男人回家的时候，我的姐妹们都很震惊，因为在她们眼中，他"非常像父亲"，而我"一直讨厌父亲"。当时我认为这简直荒谬透顶，我不可能讨厌父亲，我选择的伴侣也不可能像父亲。

和这个伴侣相处十五年之后，我不仅意识到了他是多么像父亲，同时也发现我极度地渴望从他那里得到我父亲没有给我的爱。我希望他同时成为充满爱的父亲和伴侣，为我提供一个疗愈的空间。在我的幻想中，如果他能爱我，给予我所有儿童时期没有得到的照顾，我就可以修复自己破碎的内心，能够再次信任和爱。然而他却无法做到这一点，因为他也从未受过爱的教育。我们一起在爱的阴影中摸索，犯了严重的错误。他想从我这里得到他母亲一直给予他的那种不期望任何回报的无条件的爱和服务，对他人的需求漠不关心，自负地认为生活就该如此。我为此感到沮丧，试图为我们两个人做情感的工作。

不用说，我没有得到我渴望的爱，而是陷入了一场熟悉的家庭斗争。我们进行了一场私人的性别战争，其中，我为摧毁"火星和金星"的模型而战，试图打破关于性别角色的先入为主的观念，忠于我们内心的渴望；而他仍然坚持性别差异的观念，坚信男性与女性天生不同、具有不同的情感需求和渴望的假设。在他看来，我的问题是我拒绝接受这些"自然"的角色。像女权时代的许多自由主义男性一样，他相信女性应该有平等的工作机会和同等的报酬，但在涉及家庭和心理上的问题时，他仍然认为女性的角色就是照料他人。和其他男人一样，他希望女人可以"像他母亲一样"，这样他就不用成长了。

他是心理学家丹·基利（Dan Kiley）在其开创性著作《彼

得潘综合征：从未长大的男人》(*The Peter Pan Syndrome: Men Who Have Never Grown Up*)中所描述的那种人。这本书出版于 20 世纪 80 年代初，封面上的文字指出，这本书描绘了困扰美国男性的一种严重的社会心理现象——他们拒绝成为男人："虽然他们已经成年，但他们无法以责任感来面对成年人的感受。他们与真实情感脱节，甚至害怕依赖最亲近的人，以自我为中心，自恋，他们躲在正常的面具下，内心却感到空虚和孤独。"这一代美国男性经历了女权主义文化革命，其中有许多人是在没有父亲的家庭中长大的。女权主义思想家告诉他们不需要成为传统的大男子主义者，这让他们非常高兴，但是要想不变成拥有传统男子气概的男人，唯一的选择就是不要变成男人，只保持男孩的样子。

通过选择继续做男孩，他们不必忍受与无条件、无微不至地照顾他们的母亲断绝关系的痛苦，而是找到像母亲一样的女人来继续照顾他们。如果女人不能像母亲一样，他们就会表现出来。我当时是一名年轻的激进女权主义者，所以很高兴能找到一个不喜欢当一家之主的男人，甚至承担拖着哭闹的他进入成年的任务似乎都是值得的。我相信我最终会获得一个平等的伙伴和平等的爱。然而他成为一个成年人所付出的代价是，他抛弃了孩子气的顽皮，成为我从不想与之共处的大男子主义者。我成了他攻击的目标，他指责我哄骗他放弃童年，他害怕他做不好一个男人。当我们的关系结束时，我已经成长为一个完全自我实现的女权主义女性，但我几乎对爱的变革力量失去了信心，我的心都碎了，甚至担心我们的文化还不够成熟，没有办法承载自由女性和自由男性之间的爱。

我的第二个伴侣比我年轻很多，他成年后也面临着同样强调男子气概就等同于支配的社会风潮，于是类似的权力斗争再次浮出水面。他并不是个支配者，但我们面对的世界却只从掌握权力的角度看待我们的关系。有些人常将我之前伴侣的沉默视为恐吓和威胁——这是他"权力"的展现，而我年轻伴侣的沉默则通常被认为是我对他支配的结果。我一开始被年轻伴侣所吸引，因为他所展现出的"男子气概"代表了不同于父权制规范的另一种选择。然而最终，他觉得自己的男性气质没有在社会中得到肯定，于是开始更多地依赖关于男性和女性角色的传统思维，让性别歧视的社会化进程来塑造他的行为。通过他的挣扎，我看到当男人选择不忠于父权制时，他们得到的支持是多么少。这两位自由主义者相隔两代以上，但他们都没有过多地考虑什么是爱。尽管他们在公共领域支持性别平等，但在私下里，在他们的内心深处，他们认为爱是女性的问题。对他们来说，恋爱就是找个人来满足他们的所有需求。

在"火星和金星"式的性别宇宙中，男人想要权力，而女人想要情感依恋和联系。在地球上，人们没有真正的机会去了解爱，因为占据统治地位的是权力而不是爱。权力的特权是父权思想的核心，女孩和男孩、女人和男人所学习的都是这样的思维方式，所以他们相信爱并不重要，至少不如强大、支配、控制、高高在上那样重要。有些女性在生活中给予男性看似无私的崇拜和关怀，她们看上去好像是痴迷于"爱"，但实际上她们的行为是一种暗中掌握权力的方式。她们和男性一样，一边讲着爱的话语，一边维持着权力和控制。这并不意味着关怀和爱意不存在，反而它们一直存在，而这也正是女性和某些男性难以轻易离开以权力斗争为核心动力的恋爱关系的原因。事实上，这种施虐—受虐的权力动态关系确实可以与爱意、关怀、温柔和忠诚共存，这使得权力驱动的个人甚至会否定自身对权力的渴望。这样的积极行为为爱提供了希望。

可悲的是，无论是女性还是男性，只要有任何一方想要在恋爱中控制对方，爱就无法胜利。我的恋爱苦乐参半，爱的所有要素都在，但我的伴侣并没有致力于让爱成为行事准则。如果一个人从未体验过爱，那么他也很难相信，相互的满足和成长可以成为夫妻关系的主要基础，而可能只能理解和相信权力的动态关系，那是一种有统治者和被统治者、为了统治而进行的施虐—受虐的斗争。具有讽刺意味的是，当遵从这种权力斗争的关系范式时，他可能会感到"更安全"，因为他深知背叛的滋味，甚至可能对信任本身怀有恐惧，而在熟悉的权力斗争中他不必害怕未知,因为他了解权力游戏的规则,无论发生什么,结果都是可以预测的。爱的实践不是个安全的地方,这里有失去、伤害和痛苦的风险,会让我们面临不可控的力量的危险。

如果在童年时期在对爱的求索中受到过伤害,那么这种伤害可能会遗留下巨大的影响,甚至会让人觉得之后任何一种对爱的尝试都是危险的,有时甚至会危及生命,对于男性来说尤其如此。而女性,无论其童年创伤如何,都会得到文化培养对爱的兴趣的支持。虽然这种支持是以性别歧视逻辑为基础的,但多亏了它的存在,女性更有可能去思考和重视爱,对爱的渴望可以得到更多的表达和肯定。然而这并不意味着女人比男人更有能力去爱。

父权制思想鼓励女性去爱,但这并不意味着女性比男性更能在情感上做好爱的工作。比起爱,许多女性更专注于寻找伴侣。《求爱准则:如何抓住意中人的心》(*The Rules: Time-tested Secrets for Capturing the Heart of Mr.Right*)鼓励女性通过欺骗和操纵来获得伴侣,依赖于关于性别差异的传统歧视观念,让女性相信男女之间的任何关系都不能建立在相互尊重、开放和关怀的基础上。这类书的广泛成功证实了我们这个时代的犬儒主义,它们给女性传达的信息是,恋爱关系一直都仅仅是关于权力、操纵和胁迫的,其目的是让别人在违背本心的情况下也要听你的话。它们教女性如何使用女性的诡计来玩权力游戏,而没有提供如何爱和被爱的指导方针。

许多流行的自助文学都传达了将性别歧视正常化的倾向,它们并不认为存在的习惯(habits of being)是具有政治的价值导向的,其目的在于支持男性统治不是后天习得行为,而是内在和神秘的先天特质。根据这些书里的说法,男性无法或不愿诚实地表达感情常被认为是一种女性应该学会接受的积极的男性美德,而不是一种会造成情感孤立和疏远的行为习惯。约翰·格雷(John Gray)将此称为"男人进入他们的洞穴",并假定,如果一个女人在男人想要一个人静静时打扰他,她就会受到惩罚。格雷认为,需要改变的是女性行为。反性别平等的自助书籍经常将女性投身于养育的行为描述为一种"自然"的内在品质,而不是一种后天习得的看护方法。新时代运动中,许多徒有其表的写法将诸如阴阳、雌雄同体这样的概念打造成富有吸引力的包装,但传达的思想内核却还是旧有的性别歧视理念。

要了解爱,我们必须放弃对生活中任何形式的性别歧视思想的依恋,否则我们总是会陷入性别角色的冲突中,对男性和女性都造成伤害。要练习爱的艺术,我们首先要选择爱——向自己承认我们想要了解爱、实践爱,即使我们不知道什么是爱。那些最愤世嫉俗的人已经对爱的力量失去了所有的信念,如果他们想要爱就必须盲目地拥抱信仰。在《爱的道路》(*The Path to Love*)中，迪帕克·乔普拉（Deepak Chopra）敦促我们记住，爱的一切都是可能的："缺乏爱所造成的痛苦需求只能通过重新学习爱和被爱来抚平。我们必须通过自己发现，爱是一种和万有引力一样真实的力量。每天、每小时、每分钟都被爱所包围，这并不是幻想，而是我们的自然状态。"大多数男性都不知道他们其实需要的是爱的支撑，性别歧视的想法通常会阻止他们承认自己对爱的渴望或是接受女性作为他们爱的道路上的向导。

通常情况下，女性在童年时期都会接受监护人或是大众媒体的教导，学习如何给予他人基本的关怀，作为爱的实践的一部分。我们学会了如何移情、如何养育，以及最重要的如何倾听。通常在这些过程中女性学到的并不是如何与男人相爱或分享爱的知识，而是如何在与孩子的关系中展现母性。事实上，大多数成年女性都放弃了表达关怀和尊重（爱的重要组成部分），通过自我的再社会化，来与对爱和关怀一无所知的父权伴侣（无论是男性还是女性）结合。一个女人不会容忍孩子辱骂她和羞辱她，但却能够允许男人对她做这样的事。女性在和孩子的关系中要求受到尊重，但如果她们要求男性伴侣给予她们一样的尊重，则往往不会成功，因为对男性来说给予女性这种尊重不符合他们自身对维持伴侣关系的期望。

## 九 相互依存：爱之心

很少有监护人会教他们的孩子说谎。然而，成年男性却通过明显的欺骗或隐瞒在不断撒谎，这通常被认为是可以接受和原谅的行为。诚实是爱的第一步，爱的实践者绝不能欺骗自己或他人。做出了诚实的选择之后，爱之路的下一步就是沟通。玛丽安·威廉姆森在《治愈美国》中写到倾听的重要性，她呼吁人们听从哲学家保罗·蒂利希（Paul Tillich）的话语，即爱的首要责任就是倾听："只有学会倾听，我们才可能和彼此、自己以及上帝进行深入的交流。虔诚的沉默是一种强大的工具，它可以治愈个人的心，也可以治愈一个国家。学会沉默后，我们就可以爬上治愈阶梯的下一个台阶：传达我们真实的自我，并依靠它的力量治愈自己和他人。"学会聆听并不仅仅要倾听其他人的声音，更要倾听自己内心的声音。

要重新走上爱的道路，可以首先通过直面我们内在的无爱并表达出它所带来的痛苦。在恋爱关系中，无论是异性恋还是同性恋，受到伤害的一方往往会发现他们的伴侣"听"不到他们的痛苦。常有女性告诉我，她们的伴侣拒绝倾听或交谈，她们因此会感到情感受挫。女性诉说自己的痛苦通常被认为是"唠叨"，她们的伴侣甚至会说她们"整天唠唠叨叨，烦死人了"。无论是沉默还是不耐烦，这两种情况都会损害人的自尊。当我们这些童年受过伤的人表达伤害时，往往会感到羞辱和羞耻，而当我们选择的伴侣不愿倾听时，就更会在感情上对我们造成痛苦的打击。通常，我们的伴侣之所以无法带着同情的心理倾听，是因为我们所表达的痛苦会引起他们自己的无力感和无助感，而男人从不想感到无助或脆弱，他们有时甚至宁愿选择使用暴力让伴侣保持沉默，也不愿经历情感的脆弱时刻。如果一对伴侣能够清楚地认识到这种互动关系，他们就可以给予彼此更多的关怀，通过在适当的时间进行简短的对话来倾听彼此的痛苦（因为他们知道，向疲倦、情绪不稳定、非常忙碌的人倾诉自己的痛苦是没有用的）。伴侣之间可以找个时间，聚在一起，带着同情心倾听对方的心声，以增强沟通和联系。投入爱的工作，即使倾听会带来一些伤害，我们也会倾听。

派克的畅销书《少有人走的路》强调并肯定了对爱的投入的重要性。对于爱来说，学习和奉献是必不可少的，尤其是在爱的关系刚刚开始的时候。派克写道："无论是否肤浅，投入到爱之中都是爱的基础，是任何真正爱的关系的基石。投入并不能保证两人的关系一定可以一直走下去，但比任何其他因素更有助于确保关系的成功……所有真正关心他人心灵成长的人都会觉察或本能地知道，只有通过恒常的关系，他或她才能促进彼此的成长。"美国社会的文化鼓励人们，一旦有了痛苦或不适的情感，就要迅速地发泄掉。这样的文化培养出了完全无法承受哪怕是非常微小的情感痛苦的国民。在恋爱关系中面临痛苦时，我们的第一反应通常是切断联系，而不是保持自身的投入。

无论是我们自己还是我们与其他人之间，在爱的道路上出现冲突都会令人沮丧，尤其是在我们无法轻易改变自己的困难处境的时候。许多人害怕陷入失败的恋爱关系中，因此只要冲突一出现，他们就会立刻逃离。又或者，他们会自己制造不必要的冲突，以此来逃避对爱的投入。他们在感受到爱的恩典之前就逃离了爱。痛苦可能是他们为了享受爱的幸福而必须跨越的门槛，如果因痛苦而逃避，他们就永远不会体会到爱的快乐。

有一种关于爱的错误观念，即爱是一种没有痛苦、只有持续的幸福的状态。我们必须揭露这种虚假的观念，才能看到并接受这样一个现实：即便爱已经开始，折磨和痛苦也不会结束。在某些情况下，在从无爱到爱的缓慢旅程中，我们的痛苦可能会变得愈发强烈。正如古代灵修的歌词中所说："哭泣可能会持续整夜，但到了早上欢乐终究会来临。"接受痛苦是爱的一部分，它使我们能够区分建设性的痛苦和自我放纵造成的伤害。如果我们在生命中从未体会过爱，那么坚信穿越痛苦的深渊会通往天堂，或许就是通往爱的道路上最困难的实践。盖·科诺（Guy Corneau）在《爱的教训》（*Lessons in Love*）中表示，许多男人非常害怕感受到深藏在他们内心深处的情感痛苦，以至于他们会心甘情愿地选择无爱的生活："很多男人做出不投身于爱的决定，是因为他们无法面对爱的情感痛苦和由此产生的冲突。"女人常常因为试图重新激活这些男人心中的爱，让他们重获生机而受到贬低。事实上，这些男人才是真正的睡美人。如果没有这些富有爱心的女性来教导与自我失去联系的男性如何重新生活，那么，我们可能会生活在一个更加异化和暴力的世界中。然而这些爱的工作有时也是徒劳的，因为有些男性拒绝觉醒、拒绝成长。在这种情况下，女性打破承诺，不再给予这样的男人以无谓的关爱并继续前进才是一种自爱的姿态。

女性一直在努力引导男性去爱，父权制思想认可了这项工作，但同时它也教导男性要拒绝这种引导。在父权制所建立的对两性的安排下，男性更有可能满足他们自己的情感需求，而女性则更容易被剥夺情感需求。满足情感需求有助于创造和维持心理健康，于是男性就被赋予了一种优势，而父权制也以此为借口，认为男性是有优越性的，更适合进行统治。如果女性的情感需求得到满足，如果共同性成为常态，男性统治就可能会失去吸引力。为了回应女权主义运动对大男子主义的批评，男性运动也鼓励男性主动认识自己的感受，但可悲的是，男性运动要求男人只在"安全"的环境下分享自己的感受，听众一般只有其他男性。这场运动的主要领导者罗伯特·布莱

（Robert Bly）从未对男人和爱之间的关系做出过评论，这场运动中的男性也没有在爱的道路上向开明的女性寻求过指导。

向导会给那些选择走在爱的道路上的人提供有效的帮助和服务，只要相信向导不会让我们误入歧途或在半路抛弃我们，那么我们就可以克服对未知的恐惧。事实上，我们在日常生活中也会对陌生人投以勇敢的信任。比如在医院，我们就会信任一个我们不认识的群体，希望他们能让我们康复。然而另一方面，我们又常常不敢将情感上的信任寄托在关心我们的忠实朋友身上。这样的想法简直是误入歧途，如果我们想要被爱改变，就必须克服它。

爱的实践需要时间。现代社会的工作方式导致人们总是身心疲惫，几乎没有时间施展爱的艺术。然而我们真的有听人说过，他们工作太忙没有时间去爱，所以不得不减少工作甚至离职来为爱腾出时间吗？虽然《意外的人生》和《渔王》这样的电影讲述了统治阶级男性患上危及生命的疾病后重新审视自己生活的伤感故事，但在现实生活中，我们还是很少见到有权势的男男女女为了爱而停下工作。对于工作非常忙碌的个体来说，想要在爱的问题上对他们进行指导是非常困难的。如果政府可以用我们纳的税创办爱的学校，那我们所生活的国家就不会存在失业问题了，因为人们会共享自己的工作。如果爱是我们生活的中心，那么，工作就可能会有不同的意义。

在爱中，给予总是多于索取的。自私，或者说拒绝接受另一个人，是恋爱关系失败的主要原因。在《爱之道》(*Love the Way You Want It*) 中，罗伯特·斯滕伯格（Robert Sternberg）说："如果要问我恋爱关系破裂最主要的原因……我会说是自私。我们生活在一个自恋的时代，许多人从未学会或早就忘记了如何倾听他人的需求。事实上，只要把你伴侣的利益与你自己的利益放在同等的地位，这样一个简单的改变就可以立刻改善你的恋爱关系。"要做到在包括恋爱关系的任何一种人际关系中慷慨，就意味着我们要意识到对方何时需要我们的关注。关注是一种重要的资源。

慷慨地分享所有资源是表达爱的一种具体方式。这些资源可以是时间、注意力、物品、技能、金钱，等等。一旦踏上爱的道路，我们就会发现，给予其实是非常容易的。任何一个爱的实践者都可以给予的礼物是宽恕。它不仅可以让我们停止责备，不再将他人视为爱的缺乏的原因，而且还能增强主观能动性，让我们可以主动担负起给予和寻找爱的责任。不需要因为爱的缺失而责怪他人，因为我们知道如何面对他们，知道如何给予自己爱、感受身边的爱。原谅了自己和他人，我们情绪中的大部分愤怒就会得到释放。宽恕让我们敞开心扉，让我们准备好接受爱和全身心的奉献。

给予会让我们和每个人都建立起联系，通过它我们能够理解，这世界上的财富足以满足所有人的需要。在基督教传统中，给予会"打开天堂的窗户"，让我们得到"无边的祝福"。在父权社会中，想要摆脱支配体系的男性开始爱的最好的方式，就是慷慨的给予。这也是为什么女权主义思想家们会提倡男性在家庭中抚养孩子，许多男人就是在照顾婴儿的过程中第一次体验到付出带来的快乐。

通过互相给予，我们可以学习如何体验共同性。为了终结根植于权力斗争的性别之争，女性和男性选择将互助作为他们关系的基础，让每个人的成长都能受到重视和关怀。互助增强了我们认识快乐的能力。莎朗·萨尔茨伯格（Sharon Salzberg）在《心如世界》（*A Heart As Wide As the World*）中提醒我们："慷慨能让我们摆脱因执着和依恋而产生的孤立感。"慷慨的心是"觉醒了的心灵的主要品质"，可以加强浪漫关系的纽带。给予也可以让我们学习如何接受，在爱的实践中，相互给予和接受是一种日常仪式。一颗慷慨的心总是敞开的，随时准备接受我们的来途和去向。在这样的爱中，我们永远不会害怕被遗弃，这正是真爱最珍贵的礼物——它让我们永远知道自己的归宿。

给予是心灵的疗愈。社会的灵性传统告诫我们，要向那些懂得爱的人赠送礼物。爱是一种行动，一种参与的情感。无论我们是自爱还是爱他人，都必须超越感觉的领域，以实践来实现爱。这正是爱的行动的作用。在行动中，我们不要缺乏信心或感到无能为力，因为在通往爱的道路上有非常具体的步骤：学习交流，以安静的内心倾听我们自己的需求和他人的心声，倾听我们所爱之人的痛苦和喜悦，变得富有同情心。爱的道路既不艰辛也不隐蔽，但我们必须选择迈出第一步。如果我们不知道那条路在哪里，总会有一颗开明、开放的爱心精神向我们展示如何走上通向爱之心的道路，让我们回归爱。

# 恋爱：

## 甜蜜的爱

甜蜜的爱说

地点？方法？时间？

你想要我做什么？……

我是你的，我为你而生：

你想要我做什么？……

——亚维拉的圣德肋撒（Saint Teresa of Avila）

## 十 恋爱：甜蜜的爱

为了回归爱，为了得到一直想要但从未拥有的爱、想要拥有但不准备给予的爱，我们寻求浪漫的恋爱关系，因为我们相信，恋爱关系比任何其他关系更能拯救我们。真爱确实有救赎的能力，但前提是做好了接受救赎的准备，因为只有当人们想被拯救时，爱才能拯救他们。许多追求爱情的人在童年时就觉得自己没有价值，觉得没有人会爱上他们真实的自我，所以他们构建了一个虚假的自我。成年后，他们会遇到爱上他们的虚假自我的人，但这种爱是不会持久的，真实的自我终究会露出马脚，失望也就随之而来。这些人被他们选择的爱所拒绝，这就更加证实了他们在童年时获得的信息：没有人会爱上他们的真实自我。

能在恋爱关系中收获爱的人并不多，大部分人都注定要在恋爱中重演熟悉的家庭冲突。而在恋爱开始之前，我们通常对此都一无所知，因为我们的社会文化错误地告诉我们，无论童年有过多么大的痛苦、悲伤、疏远、空虚，多么可怕的非人化对待，我们终究将迎来浪漫的爱情。我们相信会遇到梦中的女孩，或是"总有一天白马王子会降临"。我们设想他们会像想象中的那样出现，然而却不知道我们究竟想对他们做什么——因为我们并不知道自己想要的爱是什么，以及该如何实现它。我们还没有准备好完全敞开心扉。

小说家托尼·莫里森（Toni Morrison）在她的第一本书《最蓝的眼睛》（*The Bluest Eye*）中，将罗曼蒂克定性为"人类思想史上最具破坏性的观念"，其破坏性在于，它鼓励我们在没有意愿也没有选择能力的情况下去爱。我们被各种各样的浪漫传说造成的错觉所阻碍，无法学习如何爱。为了维持幻想，我们用浪漫的想象代替爱。

各类大众媒体，尤其是电影，通常将女性描绘成浪漫关系的建筑师和规划师。人们都喜欢将女人想象为浪漫的，对爱情多愁善感，而男人在爱情中追随女人的领导。即使在非异性恋关系中，也常常将两个人分为领导者和追随者，一个人承担女性的角色，而另一个人担任男性的角色。扮演领导者角色的人是主导，他或她令我们"坠入爱河"，而我们自己在选择伴侣时是没有选择权和决定权的，因为当两个人之间的化学反应出现时，我们就像被打开了开关，爱情自然而然就来了。这样的爱情是压倒性和控制性的。这种思考方式似乎对那些在父权制社会中学习到了男子气概而与他们的感受脱节的男人特别有用。在《爱与需要》（*Love and Need*）一文中，托马斯·默顿认为："'坠入爱河'这一表达反映了一种对爱和生活本身的特殊态度，它混合了恐惧、敬畏、迷恋和困惑，体现了在不可避免但又不完全可靠的事物面前我们展现出的怀疑、疑虑和犹豫。"如果不知道自己的感受，那么自然难以对爱做出主动的选择。在这种情况下，"坠入"明显更合适，因为这样就不必为自己的行为负责了。

从20世纪50年代的弗洛姆到今天的佩克，精神分析学家一直都在批判"坠入爱河"的概念，但我们仍旧沉溺于不用付出努力就可以获得紧密关系的幻想之中，仍旧相信爱情来临后，我们会被它裹挟，陷入狂喜，缺乏主动的选择和意志。在《爱的艺术》中，弗洛姆反复谈到爱是行动，"本质上是一种意志的行为"。他写道："爱不仅仅是一种强烈的感觉——还是决定、判断、承诺。如果爱只是一种感觉，那么永远相爱的承诺就没有根据，因为任何一种感觉都是来了又走，不会长久。"派克发展了弗洛姆的观点，他将爱描述为培养自己或他人精神成长的意愿，并补充说："爱的欲望本身并不是爱，爱的行动才是爱。爱是一种意志的行为——既是一种意图，也是一种行动。意志也就意味着选择。我们不是被迫必须去爱，而是主动选择去爱。"尽管他们提供了这些精彩的见解和明智的建议，但大多数人仍然不愿意接受这样的想法，依旧不能意识到，"选择"爱比"坠入"爱更真实、真切。

治疗师哈丽特·勒纳（Harriet Lerner）在《拯救生命》（*Life Preservers*）中描述我们对浪漫的渴望时说，大多数人都希望有一个"成熟又聪明、忠诚又值得信赖、充满爱心又体贴、敏感又开放、善良又有教养、有能力又负责任的伴侣"。然而，无论这种渴望有多么强烈，"很少有人会用选择家电或汽车那样客观和清晰的标准评判潜在伴侣"。为了批判性地评估伴侣，我们必须退后一步先批判性地审视自己的需求、愿望和渴望。我就曾经尝试认真地在纸上写下对自己的分析，看看我是否能够给予自己想要得到的爱，结果在分析的过程中遇到了很大的困难。明确我们对伴侣的期待则更难，我就曾经列出了十个我希望我的伴侣拥有的品质，结果对比了这份表单和我所选择的潜在伴侣们的品质之后，我痛苦地发现，他们之间有很大的差距。我们担心，按照我们的期待仔细挑选伴侣，最终会让我们无人可爱。大多数人更喜欢有一个兼具优缺点的伴侣，不想孤身一人。显而易见的是，比起爱本身，我们可能对寻找伴侣更感兴趣。

我们应当以意志和主观意识去寻找爱，每当我向他人表达这个观点时，得到的回答都是害怕这样会让爱不再浪漫。然而事实并非如此，关心、理解和尊重的态度事实上会让爱情更加浪漫。在寻找潜在的伴侣时，如果双方愿意充分交流彼此的意图和欲望，他们就不会陷入恐惧和焦虑中。我的一位女性朋友说她一直非常害怕性接触,即使她对对方很了解也很渴望。她的恐惧源于她对自己身体的羞耻感,这是她在童年时期的烙印。以前,她与男人交往就会加剧这种羞耻感,而男人常常对她的焦虑不屑一顾。我建议她可以在下次约会时去吃午餐,在餐桌上和对方谈论性的事情,比如他们两个人的好恶、想做什么不想做什么。她事后告诉我说午餐充满了情趣,而当他们的关系更进一步以后,这顿午餐也为他们在性方面更加从容放松奠定了基础。

性的吸引力往往是两个人建立亲密关系的催化剂,但它并不是爱的标志,令人兴奋愉悦的性行为甚至可以发生在两个互不认识的人之间。然而绝大多数男性却相信,性的渴望决定了他们爱的对象。在欲望的诱惑下,他们经常与没有共同兴趣或价值观的伴侣建立关系。在男权社会中,男性面临在性方面的"表现"的巨大压力,以至于男性更愿意与带给他们性快感的对象在一起,而忽略了其他一切因素。他们随后通过过度工作,或是在忠诚的婚姻或伙伴关系之外寻找其他玩伴来掩盖这种错误。男性通常需要很长时间才会承认,他们的生活中确实没有爱。而且在性别歧视的环境中,这种对无爱的承认也需要被隐藏起来,否则就会被视为男人的失败。

女性很少仅根据性的因素来选择男性。虽然大多数女性都承认性快感很重要,但她们同时也知道,性并不是建立牢固关系所需的唯一因素。让我们面对现实吧，性别歧视的社会规范将女性定性为照顾者，这恰恰使得女性表达情感需求的行为可以被社会所接受，所以社会化进程让女性更加关注情感的联系。经历了女权运动和性解放运动后才表达出对性的渴望的女性同时也能够说出她们对爱的渴望，不过这并不意味着女性已经找到了我们所渴望的爱。像男性一样，我们也常常满足于无爱，因为我们被伴侣的其他方面所吸引。在陷入困境的爱情中，和谐的性激情可以成为一种维系关系的约束力，但它并不能孕育出爱。

对女人以及少数男人来说，带给他们最大性快感的伴侣却同时也对他们造成各种各样的伤害，这是人生最大的悲哀之一。性的亲密并不能促进尊重、关心、信任、理解和承诺，相反，很少或从未发生过性行为的夫妻也可以终生相爱。性快感增强了爱的纽带，但在没有性欲的情况下，爱的纽带也可以存在。归根究底，如果面临选择，我们大多数人还是会选择伟大的爱，而不是持续的性激情。幸运的是，我们通常不必做出这样的选择，因为我们一般都与所爱的人有和谐的性生活。

最好的性不一定是最令人满足的性。我曾经和一些擅长情感虐待的男人有过性关系，和他们的鱼水之欢的确是很好。但他们会用你内心需要的东西来诱惑和吸引你，而一旦获得了你的信任，他们就会逐渐或突然收回诱惑。我的另一些爱人在性爱方面的知识和技巧都很一般，但和他们的性爱却让我得到了深刻的满足。由于社会化过程中存在的性别歧视现象，女性倾向于将性满足放在适当的角度进行考虑，我们承认它的价值，但它不是衡量亲密关系的绝对标准。开明的女性和男性一样渴望满足性爱，但我们最终更喜欢在有爱的、亲密的关系中获得性的满足。如果男性在社会化进程中学到的对爱的渴望和对性的渴望同样多，那么我们无疑将经历一场文化革命。不过就目前情况而言，大多数男性还是更关心在性生活中的表现和性的满足，而不是他们是否有能力给予和接受爱。

尽管性很重要，但我们大多数人还是无法表达对性的需求和渴望，就像我们无法表达对爱的渴望一样。具有讽刺意味的是，威胁生命的性病让越来越多的夫妻开始就性行为进行更多的相互交流。以前声称"太多话"会削弱浪漫的人（其中许多是男性）发现，谈话根本不会威胁到快乐，而只是改变了它的性质。无知曾经是高强度的兴奋和色情的基础，如今它们的基础则是相互了解。许多害怕失去浪漫感觉和对性兴奋的人在他们的思想上做出了这种根本性的改变，并惊讶地发现，他们之前认为谈话会扼杀浪漫的假设是完全错误的。

对这种变化在文化上的接受表明我们都有改变范式的能力，即将基本的思维和行为方式变为习惯的能力。我们都能改变我们对"坠入爱河"的态度，可以大方地承认当我们遇到陌生人时一见钟情的神秘感可能与爱有关，也可能无关，它可能是也可能不是引导我们去爱的最初的动机。如果我们不说"我想我恋爱了"，而是说"我与某人的沟通方式让我觉得我正在了解什么是爱"，或者不说"我恋爱了"，而是说"我正在爱"或"我会去爱"，那么事情会多有不同。如果我们不改变我们的语言，那么浪漫爱情的模式就不太可能改变。

我们都对用来谈论浪漫爱情的传统表达方式感到不舒服，所有人都觉得这些表达方式及其背后的想法是我们的恋爱关系失败的原因之一。回想起来我们可以看到，我们对爱使用的语言在很大程度上预示了这段关系中发生的事情。当自己在人际关系中感受到情感缺失后，我改变了谈论和思考爱的方式，给爱、感觉、意图和意志明确的定义。我不再在缺乏对这些重要概念清楚认知的情况下开始爱的关系，以免重蹈覆辙。

虽然我在追求爱和被爱的过程中经历了许多失望，但我仍然相信爱的变革力量。失望并没有让我关闭自己的心，然而在和周围人的交流中，我发现失望是普遍存在的，它确实让许多人对爱情感到愤世嫉俗。很多人只是认为我们把爱看得太重了。的确，我们的文化可能将爱视为引人入胜的幻想或神话，但它并不重视爱的艺术。我们对爱的失望主要是针对爱情，而道理很简单，如果我们还没有学会爱的艺术，那么爱情就注定失败。我们经常将完美的激情与完美的爱混淆。当我们遇到一个似乎是完美伴侣的人时，就会产生完美的激情。我说"似乎"，是因为强烈的关系常常会蒙蔽我们的双眼，让我们只看到自己想看到的。在《灵魂伴侣》（*Soul Mates*）中，托马斯·摩尔（Thomas Moore）认为浪漫幻觉的魅力是很重要的，"灵魂在转瞬即逝的幻想中茁壮成长"。完美的激情为我们提供了它特有的快乐和危险，但对于我们这些寻求完美爱情的人来说，它永远只会是求爱过程的初始阶段。

只有摒弃幻想，将强烈的、压倒性的色情结合所产生的能量利用起来，用以对自我的探索，完美的激情才能转化为完美的爱。让我们失去自制力的完美激情通常也会在我们从着迷的状态中醒来时消失不见。激情必须让我们有勇气面对现实、拥抱真实的自我，只有这样它才能变成完美的爱。在一段恋爱关系开始时，我们就应当承认完美的激情和爱情之间的这种有意义的联系，这样激情才能成为激发我们对爱的渴望的灵感之源。当我们按照自身的意图和意愿去爱，表现出关心、尊重、知识和责任时，爱就会得到满足。有些人坚信，爱不提供满足感，真爱亦不存在，而他们之所以坚持这个观点，是因为虽然爱确实存在于这个世界上，却不存在于他们的生命中，这样残酷的事实对他们来说实在是难以面对，所以他们宁愿相信爱根本不存在。

在过去的两年时间里，我谈了很多关于爱的话题。我的主题是"真爱"。一切始于我开始说出内心的渴望，对朋友、演讲的听众、公车上的乘客、餐馆的邻桌说："我正在寻找真爱。"讽刺的是，几乎每个人都觉得我追求的真爱是虚无缥缈的，少数仍然相信真爱的人也告诉我，"真爱是找不到的"，等到了合适的时间地点，"它会自然而然地到来"。我全心全意地相信真爱是存在的，而且我也认为，真爱的出现的确是个谜——真爱不以人类意志的努力为转移，不管我们是否寻找过它，该来的时候它总是会来的。不过，我们也不会因为主动寻找它而失去爱。事实上，对那些受到伤害、失望、幻灭的人来说，想要让爱进入自己的生活，就必须敞开心扉。敞开心扉的行为本身就是一种寻求爱的方式。

我曾经尝到过真爱的滋味，那次经历加剧了我的冲动和寻找的欲望。我生命中的真爱第一次出现是在梦中。当时我受邀参加一个关于电影的会议，但却不愿意前往赴会，因为我不喜欢同时被很多新想法轰炸，那感觉就像是暴饮暴食。然后我做了一个梦，梦中有人告诉我，我会在这次会议上遇到我梦寐以求的人。那梦中的画面是如此生动真实，让我觉得必须要有所行动。我告诉了一位女性朋友关于梦的事,于是她同意和我一起去参加会议,做我的见证人。几周后我们如约参会,入场的时候会议已经开始,演讲者正在舞台上讲话。我当场就认出了梦中出现的那个人,还给我的朋友指了指他。会议结束后,我们和他见了面,他就像一位久违的亲人或朋友,我们相谈甚欢,还一起吃了晚饭。我们之间从一开始就有一种相互认同的感觉,就好像已经认识了很久一样。然而,随着我们谈话的进行,他告诉我他并非单身,而且已经投身于一段恋爱关系中了。我感到困惑和不安,因为我无法相信宇宙中的神圣力量会在明知没有实现我的梦想的可能性的情况下将我引向我的梦中郎君。我的那些梦想都是关于恋爱的。我从中学到了关于爱的艰难一课。

我学到了,真爱不一定会带来性快感、亲密关系,甚至不会让我们和意中人持续接触,但我们的生活可能仍会因这样的相遇而改变。真爱的神话——两个灵魂相遇、结合并从此过上童话般幸福的生活——仅仅是童年的幻想。然而我们中的许多男女将这些幻想带入了成年期,结果他们无法面对现实,既不能接受无法长久稳定的热烈而深刻的恋爱关系,也不知道在恋爱关系中具体应当怎样做。真爱并不总能带来大团圆的结局,就算它可以带来幸福,它也不是一劳永逸的,而是需要靠我们的努力来维护。

所有的恋爱都有起起落落，但浪漫幻想常常让人相信，恋爱中的困难和低谷期是缺乏爱的表现，而不是爱的过程。事实上，困难会让真爱茁壮成长。真爱的基础是，我们想要成长和提高，成为更完美的自己。任何一种变化都会带来挑战和失落感，而当我们体验到真爱时，会感到受威胁，甚至可能会觉得生命处于危险之中。

真爱不同于植根于基本关怀、善意和普通日常生活中的有吸引力的爱。我们身边总有些人会吸引我们（因为喜欢他们的风格、思维方式、外表等），只要有机会，我们是会爱上他们的。约翰·威尔伍德在其富有洞察力的著作《爱与觉醒：发现亲密关系中的神圣之路》（*Love and Awakening*：*Discovering the Sacred Path of Intimate Relationship*）中，对刚刚提到的这种我们都熟悉的爱进行了描述，他称之为"心的连接"，而另一种类型他称之为"灵魂连接"。他是这样定义的："灵魂联系是指，两个人之间产生共鸣，发现彼此在外表背后的本质个性之美，并在更深的层次上进行联系。这种相互的赞赏为两人之间的强大化学反应提供了催化剂。灵魂连接是神圣的同盟，其目的是帮助双方发现并实现最大的潜力。心的连接让我们看到了自己所爱之人的真实面目，而灵魂连接则打开了一个更深层次的维度——欣赏所爱之人可能成为的样子，以及在他们的影响下我们可能成为的样子。"与某人建立心的联系通常不是一个困难的过程。

在我们的一生中,我们会遇到很多合拍的人,我们可以和他们一起走上爱的道路。但这种"合拍"与灵魂连接是不同的。通常,与另一个人的更深层次的灵魂连接是不受我们的主观意志控制的,它该发生时就会发生。有时我们会不知道为什么就被某个人所吸引,即使我们并不渴望和他接触。与我交谈过的几对找到真爱的夫妇都兴奋地给我讲述过类似的故事,他们第一次见面的时候并不觉得对方吸引人,但是两个人却被某种神秘的力量结合在了一起。不过,那些觉得自己找到了真爱的人也都表示,真爱的结合既不容易也不简单。对许多人来说,这似乎令人困惑,因为我们对真爱的幻想往往是简单容易的。

我们一般会把真爱想象成愉快和浪漫的,充满爱和光明的。事实上,真爱是一份工作。诗人莱纳·玛丽亚·里尔克(Rainer Maria Rilke)明智地评论道:"和其他很多人一样,人们也误解了爱情在生活中的地位,把它变成了玩乐,因为他们认为玩乐比工作更幸福;但没有什么比工作更幸福的了,爱,正因为它是极致的幸福,所以它也只能是工作……"真爱的本质是相互的赞赏——两个人看到彼此的真实面目。通常来说,我们寻找伴侣首先要遇到喜欢的人,然后向他或她展示我们最好的自我,有时甚至是虚假的自我,来提高自己的吸引力。然而当我们完整地露出自己的真实面目之后，当最好的自己变得难以维持、面具被摘走之后，失望就接踵而至。在感情受伤、心灵破碎之后，人们常常觉得所爱之人的身份是假的，他变成了一个陌生人。这是因为他们只看到了想看到的东西，而不是真正存在的东西。

真爱则不是如此，真爱会让两个人一开始就感受到彼此的个性特征。真爱关系一开始是可怕的，因为我们会觉得自己无处躲藏，对方知晓了关于我们的一切。要等到真爱对我们进行滋养，促使我们成长和转变之后，它的快乐才会显露出来。埃里克·巴特沃斯（Eric Butterworth）描述真爱时写道："真爱是一种特殊的洞察力，通过它我们可以完整地看透一个人——同时完全接受他现在所处的水平——包括他所有的潜力。真爱会接受现在没有资历的人，但同时也会真诚而坚定不移地帮助他充分地实现自我——我们可能比他更能看清楚他的潜力。"我们一般认为，爱一个人就意味着接受他的本来面目。我们也都经历过这样的痛苦，有些人是无法改变的，他们永远变不成我们所期望的样子。但是在真爱中，我们是愿意被所爱之人改变的，愿意通过改变更加充分地实现自我，而且这种改变是我们的主观选择，是双方的共识。在一次又一次的谈话中，我最常听到的关于真爱的愿景，是宣称真爱是"无条件的"。真爱是无条件的，但真爱要真正地茁壮成长，必须要经历持续性的建设性斗争和改变。

真爱的核心是对自己行为的反思,以及针对这种反思与所爱的人进行探讨和交流。正如约翰·威尔伍德所说:"拥有灵魂联系的两个人会进行全面、自由的对话,尽可能深入地相互交流。"诚实和开放是富有洞察力的对话的基础。大多数人在童年时从来没有见到过深爱彼此的成年人之间的谈话,在家庭中没有,在电视或电影中更没有。在男人的一生中,社会一直都在告诉他们,不能显露出自己内心的想法。我们要怎样才能与这样的男人沟通呢?想要爱却不知道怎样去爱的男人,首先要学会发声,要学会让自己的心说话——达成最终目的时说出真话。坦诚地将自己的内心暴露给别人是有风险的,但真爱的经历让我们有勇气去冒险。

只要对冒险的恐惧依然存在,我们就无法去爱,所以才有这句老生常谈的话:"爱就是放下恐惧。"我们的心在一生中会与许多人联系在一起,不过大多数人还没有经历过真爱就与世长辞了。然而这并不是求而不得的悲剧,而是我们自己的选择,因为当真爱临近时,我们大多数人都会逃避。真爱会揭露我们想要否认或隐藏的事情,使我们能够清晰而没有羞耻地看清自己,因此真爱招手时,许多想了解爱的人会转身离去也就不足为奇了。

无论我们的内心是多么不想面对真爱,无论我们多么顽固地拒绝真爱，也不能改变真爱存在的事实。每个人都想得到真爱，就算是那些声称放弃了希望的人也不例外，但并不是每个人都为它做好了准备。只有当心准备好时，真正的爱才会出现。几年前我曾病过一场，当时我做了癌症的检测，医生说如果检测结果是阳性，我就只有几个月的寿命了。听了他的话我非常害怕，躺在那里想，我不能死，我还没有准备好，我还没有体会过真爱。在那一刻，我决定要敞开心扉，为真爱做好准备。于是它就到来了。

那段恋情并没有能一直持续下去，这的确让人很难面对。我们文化中所有的浪漫传说都说，如果我们和伴侣之间找到了真爱，这样的爱恋就永远不会结束。然而事实上，这种关系只有在双方都致力于相爱的基础上才能持续下去，而并不是每个人都能承受真爱的重量。受伤的心会离爱远去，因为他们不想做维持和培育爱所必需的治愈工作。有的人，尤其是男人，往往会逃避真爱，因为他们希望在情感上保持克制的同时，还能从别人那里得到爱。最终他们选择的是权力，而不是爱。要了解和保持真爱，我们必须摒弃权力意志。

经历了真爱以后，即使那个曾和我们共同经历了深刻的相互关心和成长的人已经不在了，爱的变革力量也会持续下去。托马斯·默顿写道："我们在爱中发现真实的自己。"许多人显然还没有准备好接受和拥抱真实的自己，诚信生活会让他们觉得与自己熟悉的世界疏远。通常在自我恢复的过程中，有一段时间我们可能会发现自己更加孤独。玛雅·安杰（Maya Angelou）认为，比起不能滋养我们的陪伴，孤独反而更有价值，毕竟"在巴比伦[①]，人永远不会寂寞"。害怕面对真爱会导致人一直处于缺乏和不满足的境地，因为在那里他们不会感到孤单，没有危险。

充分而深入地爱，则会让我们处于危险之中，因为爱会彻底改变我们。默顿断言："爱不仅影响你对所爱之人的思考和行为，还会让你的生命天翻地覆。真正的爱是一种属于个人的革命，它把你的想法、欲望和行为糅合在一起，形成一种体验、一种鲜活的现实，一个全新的你。"现实中，我们经常会远离这个"全新的你"。理查德·巴赫（Richard Bach）的自传式小说《幻觉》（*Illusions*）中描述了他逃离爱情后又回归的故事。为了回归爱，他必须牺牲，摒弃自己是一个没有持续情感需求的人的幻想，承认他需要爱和被爱。我们牺牲旧的自我，被爱改变，然后屈服于新自我的力量。

浪漫结合背景下的爱为我们提供了在温馨和颂扬的气氛中转变的独特机会。我们并不会"坠入爱河"，有的只是两个灵魂在彼此间产生的让我们愿意直面真实自我的神秘联系，我们

---

[①] 《圣经》中，巴比伦是罪恶和反叛的象征。

称之为爱。与另一个灵魂紧密相连后，我们的意志会变得大胆而勇敢，让我们无惧于与他人的联系。我们会更容易地投身于爱之中，体验真正而深入的爱，给予和接受持久的爱。而那种爱"比死亡更强大"。

# 失却:
# 生死中的爱

你必须相信,友谊是无止境的……那些你深爱过的人即便离世,也会继续活在你的心中。他们不仅是记忆,而且是真实的存在。

——亨利·诺文(Henri Nouwen)

## 十一 失却：生死中的爱

爱让我们更有活力，没有爱则让人生不如死，就好像内在的一切都是静止的，失去了一切动力。精神分析学家们把这种行尸走肉般的状态叫作"灵魂谋杀"，它呼应了《圣经》里的那一句"没有爱心的，仍住在死中"。强调对他人的支配的文化崇尚死亡，所以人们对暴力愈发着迷，认为弱肉强食是理所当然的。在美国文化中，对死亡的崇拜已经严重阻碍了爱。埃里希·弗洛姆临终时向一位挚朋发出质问：什么让我们对死亡的热爱更甚于对生命的热爱？为什么"人类更喜欢恋尸癖而不是恋生癖"？弗洛姆的问题只是设问，他早已有了答案，因为他穷其一生都在解释我们文化中的失败，解释为什么我们无法完全接受爱赋予生命意义的现实。

与爱不同，死亡一定会在我们生命中的某个时刻降临，或许是我们所目睹的他人的死亡，抑或是我们在生命消逝的短暂瞬间所瞥见的自己的死亡。人们并不喜欢公开抱怨无爱的问题，但是死亡却产生了巨大的忧虑和恐惧。每天在电视屏幕上持续上演的死亡景象反映了对死亡的崇拜，这是我们的文化试图平息和征服对死亡的恐惧、给我们安慰的一种方式。托马斯·默顿如此描述现代文化中死亡的含义:"心理分析揭示了遍及现代世界的死亡愿望,富足的社会深深沉迷于对死亡的热爱。在这样的社会中,尽管官方表面上对人类价值观有很多说法,但事实上,只要我们的社会面临生者与死者、人与金钱、人与权力、人与战争之间的选择,选择的结果一定是死亡,因为死亡就是生命的终点或目的地。"我们对死亡文化的痴迷消耗了本可以赋予爱的艺术能量。

死亡崇拜是父权思想的核心组成部分,其表达者有男性也有女性。富有远见的神学家马修·福克斯(Matthew Fox)认为,宗教的失败可以解释为什么我们的文化如此热衷于死亡。他的著作《本源祝福》(*Original Blessing*)对此解释说:"西方文明热爱死亡甚于热爱生命,因为西方宗教传统看重的是救赎而不是创造,罪孽而不是欣愉,个人内省而不是宇宙意识。"历史上,父权制的观点塑造了大部分宗教教学和实践。最近人们开始反思这些教义,并转向以创造为基础的、肯定生命的灵性。福克斯称之为"积极道路":"如果没有了创造力量的坚实基础,我们就会变得无聊、暴力,爱上死亡以及死亡的力量和原则。"通过挑战父权制,为正义和平努力,拥抱爱的伦理,我们可以摆脱这种对死亡的崇拜。

我们用崇拜死亡的方法来面对死亡的恐惧,然而讽刺的是，这种策略并没有带给我们真正的安慰，反而产生了深深的焦虑感。我们越是观看毫无意义的死亡、随机暴力和残忍的图像，在日常生活中就越害怕。我们无法用爱拥抱陌生人，因为我们害怕陌生人，好像他们都是来索命的死亡使者。如果说疯狂就是与现实脱节，那么这种非理性的恐惧毫无疑问就是疯狂的表现。从数据上来看，更容易伤害我们的是熟人而非陌生人，但我们的恐惧感依旧指向陌生的和不熟悉的人，它带来了强烈的偏执，过分强调安全的概念。在美国，越来越多的社群将自己安全地封闭起来。即使大门口有警卫，业主们还是会选择给自己的房子加上铁窗和安全系统。美国人每年在安全方面的花费超过 300 亿美元。我在这样的社区和朋友一起住过，当时我问到，当地治安是否很差，这么多的安全措施是不是用来应对真实存在的安全威胁，结果朋友回答说并不是的，这些设备所应对的威胁来自他们自己的恐惧感，而不是真实存在的危险。这样的偏执已经近乎疯狂。

我们每天都会在美国社会中见识到这种疯狂，每个人都有讲不完的故事。比如，一名年轻的亚裔男性按响门铃想要问路，而应门的成年白人男性在这位陌生人没有展现出任何侵略性姿态的情况下，不由分说地向他开枪，而他的理由仅仅是，他认为这个亚裔男性是威胁，而他自己只是在保护自己的生命和财产。这个故事反映的正是日常生活中的疯狂，其中真正对他人有威胁的人是白人房主，他被白人至上、资本主义、父权制的思想侵蚀得如此之深，以至于已经无法再理性地做出行动。

白人至上主义告诉他，无论有色人种做出什么行为，都是威胁。资本主义告诉他，他能够而且必须不惜一切代价保护他的财产。父权制告诉他，他的男子气概必须通过战胜恐惧的侵略性意愿来证明，而在采取行动之前提出问题是没有男子气概的。然后，大众媒体以一种几乎是诙谐和赞扬的语调为我们报道这条消息，好像这个故事不是一出悲剧，好像为了维护财产价值和父权制的荣誉，那一条年轻的生命就应该被牺牲。这样的报道鼓励观众对犯错的白人男性房主表示同情，报道的重点并不在他的错误导致了一名无辜年轻人的死亡这一事实，而是用某种叙述的措辞鼓励观众认同犯错的人，就好像他犯下了我们所有人都会犯的错误：不惜一切代价保护我们的财产免受任何威胁。这就是对死亡的崇拜。

我们每天在电视屏幕上看到的死亡崇拜并不能让我们以更清醒、清晰和平静的心态面对生活中真正的死亡。对死亡的崇拜植根于恐惧，永远不能让我们的生活变得圆满和美好。莫顿批评说："死亡并没有埋伏在阴影里，随时会对我们发起袭击，坚持这样的观点并不是在让死亡更真实，反而是让生活变得不真实。我们的生活是分裂的，变成了爱与恐惧之间的拉锯战。死亡就在这两者中间运作，不是作为生命的终结，而是作为对生命的恐惧。"要想活得充实，我们就需要放下对死亡的恐惧。这种恐惧只能通过对生活的热爱来解决。美国的传统文化认为，赞扬的姿态是危险的，乐观是愚蠢的，因此我们难以赞颂生活，难以教我们的孩子和我们自己如何热爱生活。

许多人只有在面临危及生命的疾病时才会热爱生活。我就是在面临自己可能将死的情况下，才鼓起勇气去面对生命中爱的缺乏。当代许多关于死亡和临终的文字都强调学习如何去爱。爱可以让对死亡的崇拜转变为对生命的赞颂。我曾给我生命中的真爱写过一封未寄出的信，我写道："我的一位朋友在她姐姐的追悼会上做证说，'死亡让我们得以完全爱她'。如果我们已经尽自己所能地爱过身边的亲人和朋友，那么即便他们终会逝去，也不会留下遗憾，因为死亡带不走我们之间的爱产生的认同和归属感。每一天我都会感恩我的爱，它使我能够无保留地拥抱死亡，不再惧怕不完整或缺乏，也不会有无法弥补的遗憾。这是你给我的礼物，我永远珍惜它，它的价值永远不变，永远珍贵。"这就是爱的作用，它让我们能够活得充实，死得其所。有了爱，死亡就不再是生命的终结，而是生命进程的一部分。

在伊丽莎白·库伯勒-罗斯去世后不久出版的自传《生命之轮》中，讲述了她是如何觉醒无畏死亡的意识的："在我开创死亡学——又称死亡研究——的早期阶段，我最好的老师是一位黑人清洁女工。我并不知道她叫什么……但我注意到，她对身边的危重病人的影响，每次她离开病人的房间后，他们的态度都有明显的不同。我想知道她的秘密，甚至还因为好奇而监视了这个高中都没毕业的女人，因为她很明显知道人生的秘密。"被作者盛赞的这位睿智的黑人女性的秘密就是，需与死亡为友，让它成为我们生活中的向导，不惧怕迎接死亡。她经历了亲人的早逝，又战胜了生活中诸多苦难，所以她走进临终者的房间时，就给病人们带来了坦率无惧地公开谈论死亡的意愿。这位无名天使给库伯勒-罗斯上了她人生中最宝贵的一课："死亡对我来说并不陌生，他是个老熟人。"与死亡为友需要勇气，需要充满爱的生活带给我们的勇气。

对死亡的集体恐惧是一种心病，而爱是唯一的解药。许多人面对死亡时充满绝望，因为他们在临死时发现，他们并没有按照自己的意愿生活，从未找到过"真实的自己"，从未寻觅到内心所渴望的爱。有些人在临终之际会给自己献上在他们的一生中都缺位了的爱，他们接纳了自己，无条件的爱是自爱的核心。在《亲密死亡》(*Intimate Death*)的前言中，玛丽·德·亨内泽尔（Marie De Hennezel）写道，目睹死亡的接近可以让人们更加充分地实现自我。"在完全孤独的时刻，当身体处在无限的崩溃边缘，一段用常规方法无法测量的时间就开始运行了。在数天的时间中，另一个存在宣告了痛苦和绝望,同时也帮助垂死之人抓住、占有了他们的生命,解开了真相。他们终于发现了忠于自身想法所带来的自由。"这种在临死之际所领悟到的爱的力量会带来巨大的欣愉。不过,爱的力量不一定非要在死亡的时刻才能为人所知,如果足够幸运,那么在生命中的每一天中我们都应该可以感受到它。

如果日常生活的每一天都充满了爱,那我们就不需要依靠死亡的威胁才能忠于自己的想法。带着清醒的头脑和心灵生活,我们就能活得更充实,坦然接受死亡总是与我们同在、人终有一死的现实。没有谁对死亡是陌生的。子宫中的第一个家同时也是一个坟墓,人们在那里等待生命的到来。生命的第一次体验是复活的时刻,是一种从阴影中走向光明的运动。当我们看着一个孩子从子宫里出来时,我们知道我们是在目睹奇迹。

然而我们很快就会忘记从死亡到复活的和谐转变,死亡成为我们避之不及的道路。我所生活的国家也越来越被死亡所侵袭,虽然预期寿命延长了,但死亡的威胁却比以往任何时候都要大,各种危重疾病夺走了我们亲人、朋友和熟人的生命,其中许多人还很年轻。虽然社会中充斥着死亡,但我们的文化却依旧否认这一点,人们仍然拒绝用死亡的意识引导他们。

我小时候,母亲常轻松地谈起死亡的话题,比如,如果我们想把今天就能做完的事情拖到明天,她就会提醒我们"人生无常",明天不一定会来。她用这样的方法敦促我们要活得充实,不留遗憾。很多朋友和陌生人觉得,任何有关死亡的交谈都是悲观或病态的,这让我十分惊讶,因为我知道死亡就在我们中间,如果仅仅以消极的眼光去看待死亡,就会忽视它会让我们的生活变得充实的力量。

幸运的是,治疗师和临终关怀服务者用行动向我们展示了如何正面地谈论死亡、接受死亡的现实。和我们无法谈论对爱和被爱的需要一样,我们也害怕自己谈论死亡的话语会被视为失败和软弱。在这样的情况下,我们的社会轻视悲伤也就不足为奇了。垂死的人会被带到远离人群的地方,这样死亡的过程就只有少数人见证,而悲伤的人也被鼓励只在远离其他人的私密的、适当的环境中让自己的情绪发泄出来。我们的文化给任何一种痛苦都提供了迅捷便利的解决方案,这只会让悲伤持续,令人不安。有时我会凭直觉感觉到,身边的人带着深深的悲伤,然而我却看不到他们有任何精神痛苦的明显迹象。挥之不去的悲伤是一种羞耻,就像衣服上的污渍,它标志着我们有缺陷、不完美。如果我们坚持表达悲伤,那就是与现代生活脱节,因为在现代社会中生活的人是不能露出矫情的愁眉苦脸的表情的。

在爱中不存在羞耻,爱让我们敞开怀抱拥抱悲伤,即便那悲伤延绵无期,好像没有尽头。爱会告诉我们如何面对悲伤,在伤痛的道路上做导引，让我们放下恐惧，在失去所爱之人后可以毫无羞耻地悲伤。爱就意味着承诺，爱人者需知道，爱的承诺贯彻生死。为失去所爱之人哀悼、悲伤，是承诺的一种表达，一种沟通和构建联系的形式。我们的文化对悲伤的复杂情感是持压抑和否定态度的，这就给了解和勇于表达作为爱的一部分的悲伤增加了很大的困难。文化上否定悲伤的原因是，担心这种激情的释放会压倒我们的精神，使我们远离生活。然而这种恐惧是错误的，因为从最深层的意义上讲，悲伤是心的燃烧，它释放出的热量给我们以安慰和释怀。如果拒绝完全表达悲伤，它就会重重地压在我们的心上，导致情感上的痛苦和身体上的疾病。我们越是无法面对失却的现实，悲伤就越无情。

我们在爱中为死者悲伤，说出我们的心声，向他人分享死者在我们眼中的模样，这是哀悼的仪式，同时也是庆祝的仪式。死者留存于世的遗产就是他们存在的证明。我们不必抑制悲伤，因为悲伤会加强对死者、垂死者以及那些还活着的人的爱。

库伯勒－罗斯在她辉煌的职业生涯临近结束的晚年时得出了一个结论：没有真正的死亡，所谓死亡不过是身体逝去后以另一种形式继续存在。这个结论很接近来世、复活或轮回的概念，即死亡不是终结，而是新的开始。然而，无论这些洞见多么有启发性，死亡依旧会夺走我们尘世间的肉体凡胎，这一事实无法改变。爱是唯一能让我们超越死亡、紧紧相拥的力量。知道了应该如何相爱，也就知道了应该如何去死。诗人伊丽莎白·巴雷特·布朗宁在她的十四行诗中写道，"死后我会更爱你"，表现了回忆和与死者交流的重要性。

如果我们轻易将死者遗忘，就会陷入这样一种观念中，即肉体的终结同时也意味着精神的死亡。《圣经》中的圣音说："我将生死祸福陈明在你面前，所以你要拣选生命。""拣选生命"的意思就是选择超越肉体的精神。我们可以通过纪念仪式祈求死者的精神，或是通过日常生活中的普通仪式来回忆死者，总之要将死者的精神放在心中亲密的地方。我们也可以通过让死者的智慧来指导我们的行动、重演他们的生活习惯来祈求死者。包括永远萦绕在我们周围，但永远不会压倒我们的悲伤，也是一种向死者致哀、依靠他们的方式。

在我们美国的文化中，很少有人寻求完美的爱，所以悲伤也常常被遗憾所掩盖，遗憾于还有没有说出的话、没有和解的事。时不时地，我会发现自己忘记了赞美生命，忘记了面对死亡的态度可以增强和改善我与世界的互动方式，这时我就会花时间好好想一想，如果我还没有来得及对某人说出心里话，或者还没有来得及为我说错的话道歉，就离开了这个世界，那我该有多么遗憾啊。我和别人说再见时，经常会把这当作我们最后一次见面。这种做法使我们改变了谈话和互动的方式，可以让我们更有意识地活着。

要像伊迪丝·琵雅芙（Edith Piaf）所唱的那样"无怨无悔"①地活着，唯一的方法就是认识到正命和正行的价值。死亡总是与我们同在，明白了这一点也就明白了，我们觉得自己应该做的事情是不能等的，应当马上去做，而不用等到某个遥远和无法想象的未来。佛教僧人一行（Thich Nhat Hanh）禅师在《我们与生命的约定》（*Our Appointment with Life*）中教导说，只有充分活在当下才能找到真正的自我："回到当下就是接触生命，生命只能存在于当下，因为'过去已不复存在'而'未来尚未到来'。与生命约定的地点就在这里，在我们所在之处。"社会文化总是鼓励我们为未来做计划，培养"生活在此时此刻"的能力并非易事。

如果我们可以完全活在当下，承认死亡是生命的一部分，而不仅仅是在呼出最后一口气的那一刻才来临，我们就不会被无法控制的事件所摧毁，比如失去工作、被喜欢的人拒绝、老朋友或伴侣的离去等。一行禅师提醒我们，"人所寻求的一切只能在当下找到""放弃现在寻找未来，就是等同于抛开实质而抓住虚影"。活在当下并不意味着不制订未来的计划，而是说只为它付出很少的精力。一旦未来计划成型，我们也就不会

---

① 指琵雅芙1959年出版的名曲《我无怨无悔》（*Non, je ne regrette rien*）。

再对它们有所依恋。比如，可以把未来的计划写在纸上，然后收起来，眼不见心不烦。

  用爱接受死亡的同时也意味着接受生命中的不可预测性，接受那些我们注定无法控制的事。爱让我们能够放手，不需要无休止地忧虑自己是否会实现既定的目标或计划。死亡提醒我们，计划总是暂时的，学会了爱就学会了接受变化，而如果没有改变就无法成长。在心灵和真理中成长让我们可以直面生死，选择生命。

# 治愈：
# 救赎之爱

我们被带进了里面的酒窖，并被他的印记封印，这是为了爱而受苦。这种爱的热情大大超过了我们可能遭受的任何痛苦，因为痛苦会结束，但爱是永恒的。

——泰莎·比莱茨基（Tessa Bielecki）

## 十二 治愈：救赎之爱

爱拥有治愈的力量。如果我们在本应充满爱的地方受到了伤害，那么要相信爱拥有改变一切的力量的确是很困难的。然而不管过去发生了什么，只要向爱敞开心扉，我们就可以重生。这并不是要忘记过去，而是要以新的方式看待过去，让过去以新的方式存在于我们的内心。过去不再能伤害我们了，带着这样的崭新认识，我们就可以重新踏上旅程。而如果过去是充满爱的，那我们就会明白，无论生活中经历什么样的痛苦，我们都会回到记忆中的平静和快乐。正念的记忆让我们把破碎的心重新拼凑起来，这就是治愈的开始。

和主流观点相反，并非由我们主观选择的不必要的痛苦虽然会伤害我们，但却不一定会留下终生的伤痕。伤痛的确会留下痕迹，但如何面对和处理这些伤痕，决定权是掌握在我们自己手中的。詹姆斯·鲍德温（James Baldwin）在他的散文集《下一场火》（*The Fire Next Time*）中写到了治愈过程中的痛苦，他说："我不是想对痛苦多愁善感——但不能受苦的人永远不会长大，永远无法发现他们自己是谁。"从本质上讲，成长就是学着为生命中发生的一切负责。选择成长就是选择治愈的爱。

心灵的疗愈力量永远都在,因为每个人都有能力无限地更新状态、恢复灵魂。每当我遇到那些觉得自己的童年没有留下不必要的痛苦、折磨以及缺少爱的印象的人时,我总是很感激,因为他们的存在提醒我,要拥有深刻的感受能力,我们不需要拥有可怕的童年经历,更不需要暴力和虐待行为强加给我们的痛苦。在生活中人和人都会面临痛苦,比如意外疾病、亲友去世,无论我们选择与否,都无法逃避、无法摆脱。生活中疼痛的存在并不是功能失调的表现,而是为了集体的自我疗愈,我们也应当把这些失调暴露出来。但同时,许多家庭中是并不存在功能失调的现象的,这样的家庭令人如沐春风,值得赞美。

在我们的想象中,家庭不应该只是功能失调的,而更应该是一个充满爱的地方,否则家庭生活注定会充满伤痛。然而,在功能正常的家庭中,个体也会面临冲突、矛盾、不快乐和痛苦,不同之处在于如何面对和解决这些问题,如何应对危机。健康的家庭可以在没有胁迫、羞辱或暴力的情况下解决冲突。如果我们可以共同推动文化朝着爱的方向发展,那么可能会在大众媒体中看到更多的这些充满爱的家庭,增加在日常生活中的可见度。到时,希望我们能带着对暴力痛苦和虐待的叙述的相同兴趣,来听取这些爱的故事。如果这样的情况成真,正常家庭的幸福镜像就会成为我们集体意识的一部分。

在《家庭:自我发现的革命性方式》(*The Family: A Revolutionary Way of Self-Discovery*)中,约翰·布拉德肖给出了这样的定义:"在功能正常的健康家庭中,所有成员都是功能正常的,成员之间的所有关系也都是功能正常的,所有家庭成员都应该发挥他们作为人类的能力,用它们来合作、实现自我的个性化,满足集体和个体的需求。功能正常的家庭是健康的土壤,个体在其中可以成长为成熟的人。"在功能正常的家庭中,我们可以学会自尊,在自主和依赖之间取得平衡。

早在"功能正常"和"功能失调"这两个词被用来区分家庭的类型之前,我们这些在童年受过创伤的人就已经很清楚地了解到了这种区别,因为我们处于痛苦之中。即使在离家生活后,这种痛苦也没有消失。不仅仅是痛苦,自我毁灭、自我背叛的行为也使我们陷入了童年的创伤,无法找到安慰并且发泄。我们无法选择治愈,因为不确定自己的内心是不是能被修复好,破碎的碎片是否可以重新组合在一起。我们通过表演来安慰自己,但这种安慰并不能持久,随之而来的通常是压倒性的抑郁和失落。我们渴望被拯救,因为我们不知道如何拯救自己。我们常常对危险的生活上瘾,被它深深吸引,使我们的灵魂无法安好。与所有其他瘾症的治疗方法一样,放手并选择健康的生活是我们拯救自己和恢复的唯一途径。

在我人生的大部分时间里，我都在演戏。而当我开始走上爱的道路后，以前的功能失调很快就被修复了。小时候在教堂里，我们学到的是，个人的救赎不是由其他人给予的，而必须由我们为自己选择。我们必须要拯救自己。在托尼·卡德·班巴拉（Toni Cade Bambara）的小说《食盐者》（*The Salt Eaters*）中，智慧的老年女性治疗师被召来帮助自杀未遂的年轻女性，她们告诉她："亲爱的，我们要明确告诉你，在治愈前你要做好准备，因为成为完整的自己不是小事——健康的自己是很沉重的。"我们必须做出被拯救的选择，这并不意味着我们不需要支持和帮助来解决问题和困难，但我们必须自己做出决定，承担自身健康的责任，承认自己的破碎、受伤，并敞开心扉接受救赎。这种心灵的敞开才能使我们去接受那些关心我们的人所提供的安慰。

虽然我们都想了解爱，但每当人们谈起对真爱的追寻时，它仿佛永远只是个体独自的追求。在相关的新时代作品中，以及美国的整个文化，都过分强调了自我的角色，这让我感到不安。每当我说起想得到真爱的伴侣时，人们就一遍又一遍地告诉我，我根本不需要其他人，一个人也可以过得很好。他们会说我不需要同伴，在亲人圈子中也可以感到自己是完整的，自己的内心是完整的。的确，无论我们是否与他人相爱，内心都可以拥有某种程度的满足感,但表达对交流的渴望也同样有意义。无论一个人有多么自爱,如果不与他人交流,他的生活就是完全没有意义的。

这个世界上绝大多数人在日常生活中都保持着和他人的紧密联系,他们一同洗漱,同吃同睡,共同面对生活中的困难和挑战。完全不依赖任何人的坚强个人是一种只会出现在统治文化中的形象,因为在统治文化里,大量的资源会集中到少数拥有特权的人手上,而其他的大多数人则要忍受贫困。对个人主义的崇拜在一定程度上催生了病态的自恋,在我们的社会中泛滥。

西方旅行者前往贫穷的国家,他们惊讶地发现,那里的人们虽然物质上并不富裕,但内心却很充实。而在我们这样富裕的社会中,却被粗犷的个人主义精神的恶果所驱使,去听取诸多精神导师的话语,而这些导师大多重视相互依存、重视集体利益的文化,而不是独立和个人利益的文化。

自我恢复疗程通过使用"共生"等术语表明了过度依赖是不健康的,因为过度依赖往往具有成瘾性的特征,但我们也不能因此忽略健康的相互依赖。在诸多治疗组织中,匿名戒酒协会(Alcoholic Anonymous)是最能够证明这一原则的。数以百万计的人参加戒酒协会,寻求治愈自己的酗酒习惯的方法,而戒酒者社区创造了这样一个治愈的环境,为个人提供了接受、关怀、知识和责任的氛围,很多人是有生以来第一次接触到这样的环境。这就是爱在行动。几乎没有一个人是在孤立隔绝中被治愈的,因为治愈是一种交流的行为。

有的人在和志同道合的灵魂一起交流的过程中找到疗愈的空间,另一些人则在与神圣精神的交流中恢复自己。亚维拉的圣德肋撒在与神的结合中找到了认可、安慰和慰藉。她写道:"要与永生之父交谈或以他为乐,没有必要一定要到天堂去,也没有必要大喊大叫。他一直都在我们身边,无论我们说话多么轻柔,他都能听到。我们所需要做的就是进入孤独的状态,在自己的内心看着他,不要离开这么好的客人,而是以极大的谦卑对他说话……"祈祷能够营造谈话治愈的空间,抚慰心灵,然而这一点在当代居然要靠专人写书来证明,这无疑是时代精神危机的标志。所有的宗教传统都承认,无论是通过传统的礼仪、祈祷还是圣歌,我们都可以用语言来接触神圣的境界。我每天祈祷,就是为了使自己的精神警醒。祈祷是一种增强灵魂力量的练习。对神性的追求总是让我意识到人类思想和意志的局限性,而让精神向着无限和无边界的方向延伸,可以增强信仰并赋予灵魂力量。祈祷让每个人都有了一个私人的忏悔空间。

"忏悔对灵魂有益"这句话是有道理的,祈祷让我们可以见证自己的过错,反省自己如何错失了人生的目标(即犯下了罪）。只有意识到自己在精神层面的缺失，我们才能够承担起责任。丹尼尔·贝里根（Daniel Berrigan）和一行禅师的作品《未到彼岸》（*The Raft Is Not the Shore*），两位作者强调，"在建造一座真正的桥梁之前，必须先摧毁幻觉之桥"。在与神圣的精神联系中，我们可以担负起对自己的责任，重新致力于自我精神的转变，打开心扉并做好爱的准备。

在选择了爱的治愈之后，相信转变会到来的信念就会赋予我们心灵的平静，推动心的革命。等待是很困难的，这就是为什么《圣经》鼓励寻道者学习如何等待，因为等待可以让力量重生。委身于这"等待"，让我们的内在发生自然而然、毫不刻意的变化。这正是迈向信仰的第一步。用佛教的术语来说，献身、放手可以让我们达到慈悲之境，感受对自己和他人的同情心。这种同情心会唤醒服务的治愈力量。

爱体现在行动中就是对他人不求回报的帮助，它可以促进心灵的成长。反思、内省和治疗性谈话都是通往治愈的关键步骤，但并不是恢复的唯一途径。不求回报地帮助他人同样是一条通往自己心灵的道路。要做到这一点就必须清空自己，为他人的需要腾出空间。我们的同情心越大，就越能够推己及人，从而治愈自身。

拥有同情心意味着宽恕和认可，放下身上的所有包袱，因为它们只会阻碍治愈。同情心让我们可以不带道德评判地和他人感同身受。评判他人只会增加疏离感，让我们更加无法宽恕，而不宽恕则会让我们深陷耻辱。我们的精神会在漠视的仪式中被来自他人或自己的羞辱一次又一次地击碎。羞辱会破坏和削弱我们，让我们不敢接近治愈的帮助。宽恕就是放下羞辱，否认自己没有价值的想法。羞辱分化我们，而同情和宽恕使我们重新连接。

宽恕不仅能够克服隔阂，还可以增强相互肯定的能力。没有主观上的宽恕，就不可能达到真正的和解。同情和宽恕不仅让我们自己受益，还可以惠及他人。同情会让我们收拾自己的内心，扔掉废物，腾出一块清净之地，好能够装得下其他人，把他们看作和自己同样重要。葛萨姜（Casarjian）在《宽恕》（*Forgiveness*）中说："即使是很小的宽恕行为，也会在个人层面产生重大影响。即使是很小的宽恕行为，也会增强对人的信任感，有助于形成一种从根本上充满希望和乐观的人类精神，而不是聚焦于悲观和失败。宽恕还有助于让我们了解，人可以选择用爱来进行创造，是具有强大的潜力的，而并不是从根本上是自私的、破坏的和有罪的。"

有了清晰的头脑和心灵，我们就更能够知道什么是快乐，带着直接而深刻的快乐活在感官的世界中。詹姆斯·鲍德温（James Baldwin）在他的文章《十字架下》（*Down at the Cross*）中宣称："富于感官……就是尊重并为生命及其力量感到快乐，

## 十二　治愈：救赎之爱

要参与到我们所做的每一件事中，无论是爱还是与他人的分享。"诗人艾德丽安·里奇（Adrienne Rich）在《那里发现了什么？诗歌与政治笔记本》（*What Is Found There? Notebooks on Poetry and Politics*）中告诫人们要小心失去感官："感官的活力对于生命的挣扎是必不可少的。这一道理显而易见，但却也备受威胁。"贪得无厌、过度放纵会直接导致和感官世界的疏离，正因此，简单的生活是治愈的关键。将生活简化，把杂乱的物品、杂乱的欲望以及无休止的忙碌清除出去，我们就能恢复感受的能力，假死的、对感官世界感到麻木的沉睡身体会复活醒来，向我们昭示，爱比死亡更强大。

爱给予救赎。尽管我们周围充满了无爱，但它依旧不能阻止我们对爱的渴望，那渴望是如此的强烈。所有人的内心都知道，爱拥有救赎的能力。救赎之爱的力量引导、召唤我们走向治愈。我们不知道为何自己的内心拥有救赎之爱的知识，但像所有伟大的谜团一样，无论生活如何堕落、绝望如何深重，它都会召唤我们去爱。永不消失的召唤给了我们希望，没有这种希望，就无法回归爱。希望打破孤立感，打开机会之窗，为我们提供前进的理由。希望是积极思考的实践。如果能够保持积极的、充满希望的状态，我们就能重振精神，重拾对爱的信心。希望就是我们的誓约。

无论年老年少，我从人们的话语中听到的都是愤世嫉俗，而不是希望，于是我开始思考和书写关于爱的文字。愤世嫉俗的犬儒主义是爱最大的障碍，它植根于怀疑和绝望。恐惧加剧怀疑，令人瘫痪，将爱阻碍，而信念和希望能消除恐惧。《圣经》告诉我们，"爱里没有惧怕。爱既完全，就把惧怕除去"。这段经文给我们宽慰，并让我们明白，勇敢的思想和行动是多么重要。即使恐惧存在，也可以通过完美的爱来释放。完美的爱的奇妙能力就是如此，它为我们所有人提供了一种能够战胜恐惧的爱。因恐惧而分离或陌生的事物，通过完美的爱可以变得完整。完美的爱正是这样的救赎——它可以像炼金术的烈火一样燃烧掉杂质，让灵魂自由。

《圣经》还告诉我们，爱赶走恐惧是至关重要的，"因为惧怕里包含着刑罚"。这句话直接说明了在恐惧中生活的痛苦。爱的实践带来持久和平的疗愈力量，它可以引起变革。当一个人给予和接受爱时，恐惧就会被释放。对"爱里没有惧怕"了解得越多，痛苦就会越少，我们就更加拥有进入爱的天堂的力量。将自己献给爱会让灵魂完全恢复，当我们可以接受这个道理后，就会在爱中变得完美。

我们的社会并没有完全接受爱的变革力量，因为我们经常错误地认为折磨和痛苦是"自然的"。各种悲剧持续性地存在于现代社会，似乎印证了这一假设。在一个饱受毁灭性灾难的世界中，恐惧自然盛行，但只要去爱，我们的心就不会再被恐惧所俘虏。恐惧让我们想要获得权力，因为权力会造成已经战胜了恐惧的幻觉，有了这幻觉，自然也就不再需要爱了。

为了回归爱，追求完美的爱，我们必须抛弃权力意志。关于完美的爱的文字对我们这个时代具有强烈的预言性和革命性。如果人们仍然无法放弃对权力的依恋，任何脆弱的感觉都会在心中引起恐惧，我们就无法了解爱。无爱是一种折磨。

随着我们的文化逐渐意识到我们已经远离了治愈的爱，我们的痛苦就愈加深重。但同时，我们的渴望也就越来越强烈。缺乏意味着可能性。渴望让我们准备好了接受即将到来的爱，作为礼物，作为承诺，作为尘世的天堂。

# 命运:
# 当天使们说起爱

爱是我们真正的宿命。找到生命的意义不能单靠我们自己——而是与他人一起。

——托马斯·默顿(Thomas Merton)

## 十三 命运：当天使们说起爱

小时候，当我在孤独和悲伤中不知所措时，是神圣的爱给了我安慰。我向上帝和天使说出心声，于是就感到不再那么孤单了。在没有人理解的痛苦和可怕的灵魂黑夜中，它们和我在一起，倾听我的泪水和心痛。虽然我看不见它们，但我知道它们就在身边，因为我听到它们低声诉说着爱的承诺，用一种充满神圣甜蜜的秘密语言对我的心说话，告诉我关于灵魂的一切都会好起来的。

天使是做见证的守护神，在一生中注视、保护和引导着我们。有时它们以人的形象出现，有时它们是纯粹的精神——看不见、难以想象，但永远存在。美国文化正在经历宗教的觉醒，对天使的痴迷就可以反映出这一点。天使的形象无处不在，它们的形象出现在各种地方：电影、书籍、记事卡、日历、窗帘、墙纸等。天使代表了一种对不受内疚和羞耻的折磨的无罪和磊落的憧憬。无论我们将它们想象成科普特式的黑圆脸，还是我们通常看到的可爱的长翅膀的胖娃娃，它们都是神圣的使者。在我们的想象中，它们总是能带来让我们心安的消息。

对天使的文化热情表达了我们对天堂的渴望，渴望地球回到善意、人们都带有赤诚真心的时代。最常看到的天使形象是小孩子，它们洋溢着快乐和难以言喻的喜悦，但作为使者，它们也承载着我们的重担、悲伤和欢乐。天使最常以孩子般的面孔出现，是为了提醒我们，只有在我们回到孩子般的状态，接受重生之后，启示才会到来。

我们认为天使是轻快的生物，可以用迅捷的动作飞向天堂。它们的存在和意义从来都不是一成不变的，而是在不断变化的。它们拥有通灵的洞察力、直觉和心灵智慧，可以看穿我们的虚假自我。它们代表着通过知识和责任的结合实现的圆满生活，作为灵魂福祉的守护者，围绕在我们身边，关心我们。重燃对天使的兴趣反映了我们对精神成长的渴望，揭示了我们向爱回归的集体愿望。

我小时候第一次听到天使的故事，是在教堂里。天使是神圣的使者、明智的顾问，它们无条件地热爱人类的灵魂，帮助我们无惧面对现实，让精神成长。从童年到如今的生活中，我听到过的最生动的天使故事是雅各在回家路上与天使的遭遇。雅各不仅仅是《圣经》中所描绘的老英雄，还是一个充满激情的爱的人。雅各年轻时逃离家庭纷争，从旷野中出来，去到了他亲戚居住的地方，并在那里遇到了他的灵魂伴侣——拉结。尽管他很快就向她表达了爱意，但他们却在之后经历了诸多挣扎、痛苦和努力后才最终结合。

雅各服侍了拉结七年,但这七年在他看来只有几天那么短,因为"他对她的爱是如此之大"。约翰·桑福德(John Sanford)在《与上帝扭打的人》(*The Man Who Wrestled with God*)中解释这个故事时评论说:"雅各坠入爱河的事实表明,在穿越荒野的旅程中,他的心理发生了一定程度的改变。之前,雅各生命中唯一的女人就是他的母亲。如果一个男人一直停留在母亲是最重要的女人的观念中,他的心理发展状态就是停滞的,他就无法成熟为一个男人。一个男人的爱洛斯(eros)、爱与构筑关系的能力,必须摆脱对母亲的依赖,并与他同代的女人接触,否则他永远都会是一个苛求、依赖、幼稚的人。"桑福德在这里讨论的是消极依赖,与健康依恋不同。积极健康地依恋母亲的男性能够平衡这种亲情纽带,拿捏依赖和自主的关系,并将其扩展到与其他女性的感情纽带上。事实上大多数女人都知道,真正爱母亲的男人,比起过度依赖母亲、期望母亲无条件满足他所有需求的男人,更容易成为好朋友、好伴侣。只有能够承认自己和他人的自主性的人才能真切地去爱,因此一个在童年时期就学会了如何去爱的男人很早就已经进行了心理学意义上的个性化。雅各为拉结工作,犯过错误,也做出过艰难的决定,因此他成长了,也成熟了。到他们结婚时,他已经成为一个充满爱的伴侣。

遇到灵魂伴侣并不意味着雅各已经完成了自我实现和人生圆满。上帝的信息告诉他，他应该再次穿越荒野，回到曾经逃离的家。智慧的灵性导师一次又一次地告诉我们，自我实现和精神成长的旅程是艰巨、充满挑战的，总之是非常困难的。许多人相信，找到灵魂伴侣后这种困难就会结束。但事实上，爱是不会解决困难的，爱只会促进我们的成长，进而更好地应对困难。为爱付出了努力和等待后，雅各在心理上变得更坚强，他准备好了再次进入荒野，踏上回家的旅程。

一个神圣的声音告诉雅各，他必须返回祖先之地。作为一个知道如何爱的人，雅各直觉地寻求指导。他听取自己心中的话，得到答案后，就立刻开始行动。他最初离家出走是因为与他的兄弟以扫发生了冲突，因此回家对他来说是有些可怕的。但是，如果他想要达到内心的平静，变得完全成熟，就必须面对过去，寻求和解。在回家的漫长旅途中，雅各不断地与上帝交谈、祈祷、冥想。为了在孤独中寻求安慰，他在夜深人静的时候走到一条小溪边，和一个他不知道是什么的人扭打。雅各得到的是与天使面对面的机会，不过他本人当时并不知情。

面对他的恐惧、他的恶魔、他的影子，雅各放弃了对安全的渴望。在心理上，他进入了原始的夜晚，返回到他尚未完全清醒的精神空间，就好像他变成了子宫里的孩子，正在努力重生。天使不是想要夺走他生命的对手，而是作为见证人而来，使他能够领悟斗争中的快乐。他的恐惧逐渐被平静所取代。在《灵魂食物：滋养精神和心灵的故事》(*Soul Food : Stories to Nourish the Spirit and the Heart*)中，杰克·康菲尔德和克里斯蒂娜·费尔德曼（Christina Feldman）写道，我们在斗争中也可以选择平静，"在平静中我们会明白，安宁并不是挑战和艰辛的对立面，光的存在并不是黑暗终结的结果。安宁并非意味着没有挑战，而是我们自己要有能力在不加评判、偏见和抵抗的情况下忍受困难的结果。我们发现，只要保证自己敞开心扉，我们就有能量和信念来治愈自己和世界"。当雅各最终拥抱了他的对手时，他终于穿过黑暗进入了光明。

天亮了，雅各在天使离开前，请求并得到了祝福。需要注意的是，如果雅各没有先放下恐惧，敞开心扉接受恩典，他是无法得到祝福的。桑福德写道："一直到了解了自身体验的意义之后，雅各都没有逃避面对，这标志着他是一个精神上的伟人。与自己精神和心理体验搏斗的人，无论那体验有多么黑暗、可怕，如果都在发现它的意义之前拒绝放弃，那么这样的人也就有了和雅各同样的体验。这样的人可以从黑暗的挣扎中到达彼岸并获得重生，而与精神的世界相遇后退却或逃跑的人则是无法转化的。"天使给雅各造成的伤害事实上是一种祝福，这一点尤其让我们欣慰。

受到伤害并不是导致羞耻的原因，而是促进精神成长和觉醒的必需品。记得小时候,我一遍又一遍地读雅各的故事,但始终觉得十分奇怪,伤害怎么会是祝福呢?在儿时的我看来,受伤是消极的,无法保护自己免受他人的伤害是一种耻辱。在《走出耻辱》(Coming Out of Shame)一书中,格申·考夫曼(Gershen Kaufman)和列夫·拉斐尔(Lev Raphael)认为:"在所有我们可以直接体会到的关于自身的情绪中,羞耻是最令人不安的那一个,因为在羞耻中我们会感到与自己深深地分裂。羞耻就像一只看不见的手,在经历失败和拒绝后,对我们造成伤害。在感到最孤立的时候,我们会渴望再次拥抱自己,和自己重新结合,但羞耻心使我们与自己分离,也使我们和他人分离。我们渴望重聚,因此羞耻感尤其令人不安。"受伤后所带来的羞耻感导致许多人不愿寻求治疗,宁愿否认或压抑受到的伤害。在美国文化中,有很多关于负罪感的讨论,但关于羞耻的争执的话题却很少。羞耻让我们认为自己没有被爱的价值。受到伤害的羞耻感往往源于童年,许多人都是在童年第一次了解到,对疼痛保持沉默是一种美德。在《流放的知识:面对童年的伤害》(Banished Knowledge: Facing Childhood Injuries)中,精神分析师爱丽丝·米勒(Alice Miller)指出:"不把自己的痛苦当回事,轻视它,甚至嘲笑它,这在我们的文化中都是正面的好行为,甚至可以被称为美德。许多人(包括曾经的我)都因对自己的命运和童年经历充满冷漠而倍感自豪。"现在越来越多的人找到了勇气，摒弃耻辱，开始谈论曾经所遭受的伤痛，但我们的文化却给出了刻薄的反馈，对任何关于伤痛的探讨都会加以嘲笑。如果有人试图指出，他所受的伤痛是环境造成的结果，他是环境的受害者，那么嘲笑和贬低就会接踵而至。这是一种羞辱，一种心理学意义上的恐怖主义。羞辱让我们心碎。

正在治愈中寻求真正幸福的人都会明白，受害者的身份并不值得骄傲，而且即便身为受害者，我们也不能将一切错误都归咎于他人。我们要勇敢地说出曾经受过的耻辱和痛苦，这样才能康复。面对伤痛不应仅仅是责备他人，而是要让受了伤的人可以直面施暴者、见证者以及自身所扮演的不同角色和应当承担的责任。建设性的对抗有助于我们康复。

雅各与天使对抗的故事描绘的正是治愈过程，因为雅各是无辜的，他没有做过任何事来惹怒天使，对抗性冲突不是他造成的。他没有责任，不应该为他的伤口负责。然而，当他将伤害视为一种祝福，并为他的行为承担责任后，那伤害就被治愈了。

所有人都会时不时地受伤。许多人在本应得到爱的童年受到了伤害，之后又把它从童年带到成年，再带到老年。雅各的故事提醒我们，拥抱伤痛正是治愈的方法。雅各接受了自己的脆弱。康菲尔德和费尔德曼提醒我们，被痛苦和"生活变化的不可预测性"所触动的那一刻,同时也是救赎的时刻:"以开放的心、清晰而专注的头脑面对自己生活中的那些阴暗时刻,我们就会停止抗拒并开始理解和治愈。要做到这一点,我们必须学会深入感受,不只睁开双眼,更要打开心灵的内在感官。"当雅各与天使扭打时,他的意识增强了。这场打斗给了他在旅程中坚持下去的勇气,让他勇于面对与化解冲突,而不是生活在疏远和逃避中。

作为一个国家,我们的集体需要凝聚勇气,意识到社会的无爱是一种伤痛。伤痛刺穿肉体,在灵魂深处留下深刻的精神痛苦。只有直面这种痛苦,我们才能拥有改变内心的可能性。承认自己的伤痛是一种祝福,因为只有在承认它之后我们才能够照顾它,让我们的灵魂准备好去接受爱。

天使带来知识,并告诉我们,必须要走上爱和幸福的道路。他们以人类的形象或是纯粹的灵魂状态出现,引导、指导和保护我们。爱丽丝·米勒认为,个人生活中天使力量的体现,就是我们遇到的"开明的见证人",比如那些在功能失调的环境中为受伤的孩子提供希望、爱和指导的人。来自冲突不断的家庭或缺乏爱的环境的人,都会记住那些给予他们同情、理解,有时甚至是逃离之道的人。希拉里·克林顿(Hillary Clinton)说,她母亲曾有过"悲惨的童年",但"家庭以外的其他人介入了,他们的帮助令情况大有改善"。从孩提时代起，我就在诸多作家身上发现了天使的力量，他们的书使我能够理解更复杂的生活，打开了我对同情、宽恕和理解的心。爱尔兰记者努拉·奥法兰（Nuala O'Faolain）在她的回忆录《你很重要吗？》（*Are You Somebody？*）中写到，书籍拥有拯救生命的本质。她说："就算失去了一切，我们也可以为阅读而活。"

德国诗人雷纳·玛丽亚·里尔克（Rainer Maria Rilke）的自传体作品改变了我青少年时期的自我意识。当时我觉得自己是个局外人，没有价值，不受欢迎。他的作品让我对自己的看法有了变化，开始将自己局外人的身份视为创造力和可能性的源泉。在我少女时代的回忆录《黑骨》（*Bone Black*）的最后一章中，我写道："里尔克给我的精神荒野赋予了意义，我在他的书中发现了自我。他告诉我，一切可怕的东西事实上都是无助的，需要我们的帮助。我当时感觉自己快要溺死了，于是一遍又一遍地读《给一位年轻诗人的信》（*Letters to a Young Poet*），它是把我送到岸边的木筏。"我是在参加一次退修会的时候第一次读到里尔克的书的。当时我见到了一位发言的特邀演讲者，他是在附近大学任职的牧师。他察觉到了我散发的绝望气息，于是给了我安慰。我在十几岁的时候就开始觉得自己好像活不下去了，自杀的想法整天在我脑海中萦绕，在晚上则化身为噩梦。我相信死亡会让我从压倒性的悲伤中解脱出来。

在退修会聆听属灵见证时，我感到愈发的悲伤和孤单，仿佛坠入救命无望的深渊，无法理解其他人怎么会伴随着神性升华。我从来没有问过神父，他在我身上看到了什么，为什么我是被他选中进行精神咨询的几个人之一。他触动了我的灵魂，为我（以及与他联系的每个人）提供了一种充满爱的精神。在他面前，我感到被选中、被爱。就像许多造访我们的生命，并用他们的异象之力和治愈的智慧触摸我们的凡间天使一样，我再也没有见到过他，但我从未忘记他的存在，以及他无偿给予我的礼物——爱和慈悲。

天使和天使之灵的存在告诉我们，有一个人类智力或意志无法解释的神秘领域，无论我们是否认为自己是"属灵的"，无论以多么微不足道的方法，我们都会在日常生活中以某种方式体验到它。我们会发现，自己在正确的时间出现在了正确的地点，准备好了接受祝福，而我们自己甚至都不知道是如何到达那里的。而如果可以回顾性地看待之前发生的事，我们就可以追踪到某种规律，使我们能够直观地认识到指导我们道路的无形精神的存在。

在少女时代，我会经常躺在阁楼的床上，和圣灵无休止地谈论爱的本质。但那时的我没有想到，现在的我就算没有了夜色的掩护或是秘密的环境，依旧敢于说起爱的话题。和在小溪边徘徊的雅各一样，我也在漆黑的房间里与爱的形而上学概念搏斗过，试图探寻爱的奥秘，这种搏斗一直持续到我对爱的认识加深了，对它有了全新的看法。现在我意识到，那时我所做的是一种有纪律的精神实践——敞开自己的心扉。我成为爱的道路上虔诚的追寻者——与天使面对面交谈，无所畏惧。

　　了解恐惧是如何在爱的道路上阻碍我们的，是一种挑战。虽然内心充满了对爱的渴望，但如果我们仍然心怀恐惧，害怕相信爱的真理会导致进一步的背叛，爱就不会被我们所接受。有爱并不意味着不会被背叛，但爱会帮助我们面对背叛而不灰心，调整我们的心态，再次做好爱的准备。无论生活多么艰难可怕，只要选择反对无爱——选择爱——我们就可以听到希望的声音，对我们的心说话——那是天使的声音。当天使说起爱时，它们会告诉我们，只有通过爱，我们才能进入尘世的天堂。天堂就是我们的家，爱是我们真正的命运。